李光地

（1642—1718）

講易見天心

福建历史文化名人丛书
福建省社会科学界联合会 编

李光地

昌时柱石　理学名臣

叶茂樟　编著

海峡出版发行集团 THE STRAITS PUBLISHING & DISTRIBUTING GROUP | 福建人民出版社 FUJIAN PEOPLE'S PUBLISHING HOUSE

图书在版编目（CIP）数据

李光地：昌时柱石　理学名臣 / 叶茂樟编著. --福州：福建人民出版社，2022.11
（福建历史文化名人丛书）
ISBN 978-7-211-08713-6

Ⅰ.①李…　Ⅱ.①叶…　Ⅲ.①李光地（1642-1718）—生平事迹　Ⅳ.①K827=49

中国版本图书馆CIP数据核字（2021）第151896号

李光地
LIGUANGDI
——昌时柱石　理学名臣

作　　者：叶茂樟
责任编辑：何水儿
责任校对：陈　璟
出版发行：福建人民出版社　　　**电　　话**：0591-87604366(发行部)
网　　址：http://www.fjpph.com　　　**电子邮箱**：fjpph7211@126.com
地　　址：福州市东水路76号　　　**邮　　编**：350001
经　　销：福建新华发行（集团）有限责任公司
印　　刷：福州凯达印务有限公司
地　　址：福州市金山红江路2号浦上工业园B区47号楼
开　　本：700毫米×1000毫米　1/16
印　　张：8.75
字　　数：90千字
版　　次：2022年11月第1版　　　2022年11月第1次印刷
书　　号：ISBN 978-7-211-08713-6
定　　价：25.00元

总 序

李 红

社会科学承载着“认识世界、传承文明、创新理论、咨政育人、服务社会”的重要功能，是人类赖以传承的精神支柱。近年来，福建省各级各部门认真贯彻《福建省社会科学普及条例》，社会科学普及工作扎实开展、稳步推进，通过举办全省社科普及宣传周、建立社科普及基地、开办社科普及讲坛等社科普及咨询平台载体，其制度化、常态化、大众化工作取得了明显成效。

习近平总书记指出，文化是民族生存和发展的重要力量，中华优秀传统文化已经成为中华民族的基因，植根在中国人内心，潜移默化地影响着中国人的思维方式和行为方式。福建文化是中华文化中极富特色的一部分，深度融入了中国文化的进程，展现出突破陈规、积极进取、兼容并包、锐意创新的胸襟和气魄。向大众传播福建优秀的历史文化知识，是福建省社科普及工作的重要内容。以接福建地气、讲福建故事、塑福建形象、续福建文脉的姿态编辑出版的“福建历史文化名人丛书”，既较为全面地展示了福建文化深厚的历史底蕴和丰富的人文精神，也为福建当下的社会文化建设提供了有益的资鉴。“福建历史文化名人丛书”所包含的朱熹、林则徐、严复、陈嘉庚等人物传记，记录了福建文化之于中国历史的影响，同时也以人物史的叙述方式生动地展现出中国人文精神的风骨和传统文化的传承。

今天，我们提倡和弘扬社会主义核心价值观，必须从中华优秀传统文化中汲取丰富营养，否则就会缺乏生命力和影响力。“福建历史文化名人丛书”记录了福建历史文化人物的价值观践行轨迹，重温了这批福建历史文化乃至中国历史文化史上重要人物的生命历程，以浅显晓畅、通俗易懂的叙述方式讲述了中华优秀传统文化传承的当代意义，开辟了社会科学知识进入千家万户的新路子。

“最忆市桥灯火静，巷南巷北读书声。”一套好的社会科学普及丛书，总是能带动起读书的风气。将学习作为一种追求、爱好和健康的生活方式，也是“福建历史文化名人丛书”所期望实现的目标。在文字中领略福建地域文化魅力，在阅读中传承传统文化养分，在感悟中提升人文道德情操，社会科学普及丛书的出版，可谓正当其时。

（作者系福建省人民政府原副省长，福建省政协原副主席）

目　录

李光地故居

第一章

从忧患中走来的乡村少年

李光地出生于明末福建安溪的一个乡村。少年李光地便显出过人之处，历经帽顶寨生死劫时仍能处变不惊，从容应对。他聪颖好学，沿着科举制度的阶梯一步步走来。

望族之后

李光地，字晋卿，号厚庵，福建省安溪县感化里（今湖头镇）人。安溪县湖头镇地处闽南金三角，位于安溪县西北部，“（湖头）上达汀、漳，下连兴、泉，商旅毕至，舟车可通，居民环绕，绣壤相错，其间市肆，倍于邑内。土风文物，非别里所

李氏家庙

得而班也”，历来是闽南通往内地的交通枢纽和商贸重地。湖头四面环山，中间开阔，形似大湖，古称阆湖，宋初称湖山，相传南宋大儒朱熹路过此地，感于其地势奇特，遂改称湖头。

李光地先世居延平之尤溪，相传为唐江王李元祥后。根据福建李氏历史研究会《李元祥世系图》记载，元祥公，字仲瑞，陇西李氏入闽始祖，唐高祖渊公第二十子，母杨淑妃，生于隋大业十年（614年），唐贞观五年（631年）封许王，贞观十一年封闽越江王，龙朔二年（662年）到古尤溪皇历（今永安市槐南乡皇历村）开基。另据《永安大湖李氏族谱》记载，元祥公35岁时奉旨到福建永安开基。传至李珠，生有五子，其中第四子火德居福建上杭县稔田乡丰朗村。后来，李火德的八世孙李孝梓从永定县湖坑迁居南靖县油坑开基，生有四子，次子李诚从南靖油坑迁居平和县西山小溪开基，生有四子。其中，次子君达生有三子：长子禄延，居无里；次子福延，居西山；季子祚延，迁湖头。

李光地世祖迁居湖头源于一场战乱。南宋末年，孝梓公曾孙李志甫联合四省十多万人，在坂仔仁山举旗反元，欲逼君达公入伙，君达公匆忙逃往上杭金丰，志甫威逼金丰人：“限期十日，君达不至，则屠其里。”君达公为了金丰人不受害，按期回归，但不久即逃离。而李志甫因为反元失败，株连九族。君达公将二子（禄延、福延）托付给母亲、妻子留居家乡西山，自己携季子祚延往安溪湖头，成为湖头陇西李氏开基一世祖。历经数代励精图治，湖头李氏已人丁兴旺，成为当地“甲族大家”。六世祖朴庵公李森，明正统（1436—1449）年间任

康熙帝御赐李森“急公尚义”匾额

九龙岭巡检和源口巡检，不惜捐献巨资，雇工凿通渊滩巨石，使泉州船运直通湖头，湖头迅速成为闽南重要的商品集散地，李森家族更是“田数万亩，粟数万钟；计山百区，出木数千万章，僮千指，益尽力居积”。

李森一生乐善好施，为人仗义疏财，热心公益事业，除了造桥修寺兴学，还帮助苏州府赈灾、率众平乱，被朝廷旌表为“尚义”，其进京谢恩时受到皇帝的设宴款待。清初，裔孙李光地将其事迹上奏朝廷，受康熙帝褒奖，御赐“急公尚义”匾额，牌坊至今还屹立在泉州东门东岳庙前。

李森家族还始终秉承着儒家“修身齐家治国”的理想，培养子孙读书。据统计，自明景泰到嘉靖、万历、崇祯年间，李氏家族中考取举人者有李煜、李澜、李道先、李懋桧、李祯、李宗润、李栻、李光升、李仕亨、李凤鸣和李光龙等。其中，考中进士的有李懋桧、李栻、李凤鸣和李光龙。李懋桧官至太常寺卿，李凤鸣官至户部郎中，李光龙官至翰林院检讨，李道先任常德知府，李继祚任广东惠潮副使，李重灿任儋州知府。李光地曾在《书家谱传》说："诸公在隆（庆）、万（历）间，皆一时之选也。虽奉常善、扬祖德，然诸公靡然公声，可以观仁矣。盖吾祖之仁洽于乡、显于国，斯是以不可掩也。"

李光地的祖父念次公李先春，"迈德种善，实修朴庵之业。至考赠公，益本之以孝诚，泽之以学问，谊行卓卓，具载家乘"。由于忙于"居积起家"，李先春终生不仕。李光地的父亲惟念公李兆庆，"孝德追远，笃嗜正学"，尊崇程朱理学，原来也打算走读书做官这条道路，清顺治十八年（1661年）还考取贡生的头衔，取得了在北京国子监读书的资格。但是，"山海交讧"的闽乱局势，让他的内心再也无法平静下来，仅仅过去一两年就返回了家乡。

聪颖好学

安溪县祥华乡古称华地，距离湖头镇45千米，是个山清水秀的山村，为安溪县开先县令詹敦仁的隐居地，也是李光地的出生地。

成年后的李兆庆娶华地吴氏（名聘娟）为妻。时为明末，农民起义风起云涌，安溪也屡有草莽英雄占山为王，烧杀抢掠，人心惶惶。吴氏过门不久，怀了身孕，为安全起见，李兆庆把她送回娘家避乱。

明崇祯十五年（1642年）九月初六日，怀胎十月的吴氏产下一名男婴。正在永春小横姜埕主持炼铁事务的李兆庆闻讯连夜赶往华地，见其子眉清目秀，抑制不住内心的喜悦，遂取名李光地。如李光地后来在《家政》文中自述：“先君三十一岁始生予，极喜，所居地名下地，故命今名。”

得益于家庭良好的教育，李光地自幼聪颖异常。四岁时，未入私塾就学已识字，看见关侯庙“忠义”二字，“辄取炭摹，肖之”。入幼学后，无论读书诵记，均颖悟过人，“未尝一启齿，发声试之，辄已成诵，不失一字，善属对，矢口惊人，塾师弗能

李光地故居接官亭

教也”。六岁时，族兄李光龙到私塾，偶然出对“飞龙在天”，李光地随即应对“游鱼宗海”。李光龙欣喜若狂，问道：“这‘宗’字用得太好了，贤弟从何处得来？”李光地如实回答：“我看见关侯庙前有副对联‘三分鼎足人宗汉，一片丹心月在天’，以‘宗’字对‘在’字，因此借用过来。”可见，李光地从小善于观察，肯动脑筋，“如此之类，有似夙习”。

在流传下来的各种传论中，记述李光地从小天资聪颖的佳话还有很多。

七岁那年，李光地跟随从母就学于外祖父家。外祖父教以诗，即能晓其体制。一日，外祖父与客人对弈，以棋命赋，李光地立成一绝，云：“棋子十六双，伍位皆相同；连呼过河去，一战似有功。”一时远近闻名。当地有名望的前辈听说后，纷纷邀与相见，待看到李光地器度俨若成人，即以宾客之礼接待。

八岁时，李光地的四叔西冈公李日熿指着厅堂上的一幅画出对，曰：“一幅丹青，绘尽古今来山水人物，画工化工。”李光地沉着应对，曰：“两道乾坤，曲成天地间走飞草木，阴气阳气。”从对句中的“乾坤”“天地”“阴阳”之词可见李光地的理想抱负。四叔格外惊喜，对他关爱有加，“夜授与《离骚》，成诵即知大意”。

十二岁时，李光地已经能够每天写五篇文章，楷书抄正，均为长篇大论。

十三岁时，李光地已经毕诵群经，虽然聪慧益开，而谦虚谨慎，“循循恭谨，侍坐于长者，日暮不敢就宴”。

与后人的谀辞不同，李光地却自述：“某天资极钝，向曾学筹算于潘次耕，渠性急，某不懂，渠拂衣骂云：‘此一饭时可了者，奈何如此糊涂。’”又引其四叔的话：“厚庵少时天资平常得很”，“无奈只是读书不歇，如今定何如。”可见，李光地的聪颖更多地来源于家庭的良好教育和自身的刻苦努力。李光地的父亲李兆庆“笃嗜正学”，家中藏书甚多，“先君笃好《性理》，赤贫赶考时，十金买得一部内府版《性理》，喜若重宝，归而督予读之，遂开子孙读书一派。”

生死劫

帽顶寨位于永春、安溪、漳平三县交界的永春横口乡福鼎村群峰之中，这里地势险要，悬崖峭壁，寨上纵横五里，东西各有山泉，易守难攻，历来为土匪聚集和兵家必争之地。明末清初，改朝换代，山海沸腾，盗伙蜂起，几无净土。顺治七年（1650年），闽浙总督陈锦奏称：“（闽浙一带）自鼎革后从未归化……地方虽入我版图，其实……民非我民，而土非我土。”帽顶寨成了以林日胜为首的土匪们的巢穴。他们“乘乱窃发，结党仇窟穴岩崄间，四处侵暴”，地方乡绅和百姓如能满足其索求，可相安无事，否则身家性命难保。他们仗着山高路险和人多势众，让官军无计可施。

李光地先祖“居积起家”，曾在永春县小横一带购置山林、田产，在姜埕建炼铁场，雇工炼铁，世代经营。林日胜等匪贼早对此虎视眈眈、垂涎三尺，但又畏惧李氏家族李日燝、李日熺等习武之人，迟迟不敢动手。

顺治十二年（1655年）六月的一个深夜，李兆庆与家人正在姜埕炼铁，权衡再三的林日胜终于出手，率领山贼连夜包围姜埕，把包括李光地（时年14岁）在内的男女老少12人掳到帽顶寨作为人质，挟质索赎，仅有李兆庆侥幸逃脱。

李光地祖父李先春听说此事，犹如晴天霹雳，不惜倾家荡产，无奈林日胜贪得无厌，言而无信。李先春散尽家财，却毫无进展，忧愤攻心，气极而亡。李光地的伯父渔仲公李日燝当时在剑州（即今南平）为官，闻丧乱急归，不顾生死，只身到帽顶寨找林日胜议赎。李日燝慷慨陈词，晓之以理，动之以情，愿与家人生死与共。林日胜感动之余，却仍然不愿归还人质，他深知李氏疼爱李光地，对李日燝说："此儿气度不凡，你也不要过于爱惜钱财！"李日燝无功而返。

李日燝试图以钱消灾，他变卖田产、山林，又加之以白金珍货，以赎回人质。林日胜赎金、财物照收不误，却不放人。李光地虽身处贼营，面对刀光剑影、生死劫难，却从容应对，"时取贼儿书读"，"幽累中以《离骚》代歌谣，遂能征事诘文，订旧说而抒新义"。林日胜检阅部属，李光地在旁边观看并赋诗一首，其中有"戟插云天疑雪结，师行地水似风来"之句。林日胜听后赞叹不已，对李光地严加看管，以求更多赎金。

绝望之余，李日燝决定诉诸武力。李日燝诚邀与其交情甚深的铜锣庙和尚锐峰及其高徒晦昙禅师，共商救人之策。他们募

集了一支数百人的武装队伍，并以28位猛士打头阵。“乘夜劫其巢，巢险雨又漫。百人造峰下，廿八为登先。雾重晨昏晦，泥深泚且颠。既知入死地，大呼撼贼盘。睡梦贼惊起，不能辨众单……”在惊天动地的厮杀声中，林日胜挟持李光地仓皇逃往另一巢穴。

林日胜料想不到李日煁如此强硬，委派他的儿子林光面见李日煁，希望其退兵，并欺诈说：“我们已经杀死你的四个侄子，如果再战，将一个不留，统统杀光！”李日煁看破林光的诡计，便杀了他以表明自己誓死战斗到底的决心。

林日胜黔驴技穷，怒而归罪李光地，欲一剑结束他的性命。其心腹庄进见状，动了恻隐之心，叫道：“大王平日一直夸奖这

李光地文化园

小子异于常人，为何又要杀了他？”

林日胜愤愤地说：“李日燝胆敢杀我儿子，我就要杀李光地偿命，即使不杀他，也要断其大拇指，让他落下残疾！”

眼看剑就要落下，庄进急忙抓住剑柄，说：“这孩子年纪轻轻就断了手指，今后恐怕难以营生，终身无用了。李氏人多势众，现在没有穷追不舍，很大一部分原因就在于李光地。如果他们知道李光地被我们废了，那还了得？”

林日胜听后，只好作罢。

此次交战，李日燝还俘获了林日胜的家眷，于是便“且战且议赎，又许归其媛”，但是，林日胜不吃这一套，自认为既然无家可归，抛弃家人也算不了什么，遂“合远近部贼将万余人，昼夜攻夺故垒”，欲誓死一战。李日燝占据险要地形，双方展开了拉锯战，“日与之战，无不摧者。自夏涉秋，小大百余斗”。后来，李日燝又引清军围攻帽顶寨，历经数十战，先后攻破敌寨十余个。

清顺治十三年（1656年）七月，林日胜挟李光地等人潜伏至乱石岩洞之中。李日燝率众穷追不舍，“以郁火之烟迫之，贼辗转且死”。林日胜眼看大势已去，料想李光地等人也将被熏死，仓皇潜出洞穴，逃往漳州，偕侄子林兴珠投降清军。

面对滚滚浓烟，机智的李光地匍匐地上，以面贴土，幸免于难。帽顶寨匪贼群龙无首，作鸟兽散。李光地及其弟侄等八人终于被解救出来。

自清顺治十二年（1655年）六月被抓，到次年七月获救，李光地被扣作人质达十三个月之久。康熙四十七年（1708年），年近古稀的李光地对此仍记忆犹新，他特地写了篇《仲父破家贼拔家难于今五十年矣，欲为家传纪其事而未成，偶因为文安孝子诗，忾然念先世旧德，属韵述其梗概，且寄家后、六叔及弟侄辈》的长文，叙述事件经过，以示纪念。在此节选部分如下：

> 我岁十四五，乙未丙申年。山海正摇荡，四郊盈氛烟。
> 避地高山顶，巨冦掩其巅。举家悉累去，季父亦在焉。
> 父虽脱身走，骨立形仅全。吾祖以忧陨，遗恨子孙还。
> 伯父时远出，更有官事连。惊闻家丧乱，奔回哭柩前。
> 与父握手泣，何以救髫鬟。我效东海人，轻身赴其艰。
> 妻儿牵不顾，直入虎狼樊。慷慨陈词义，贼帅欷歔叹。

孜孜以求展雄才

劫后余生，李光地回到湖头继续读书。李兆庆一家因为这场劫难耗尽家财，生活陷入困境，“贫无宅舍，僦居于洋山寨中”。但是，这并没有影响他培养儿子李光地学习的热情。“朝为田舍郎，暮登天子堂”的愿景刺激着人们走读书仕宦的道路。

> 有郡先达者，客于湖，公以宿构文就正，先达曰：“词顺矣，气未充也。”指而授之，公退而摩揣。逾旬，质以新构，先达曰：“气充矣，神未赴也。”又指而授之。公退而摩揣逾旬，以新构进。先达喜，复谓曰：“文章之道，譬如画龙，其睛一点，破壁飞去。今君文，已能神气相团结，然必人以眼视文，若文中之

李光地读书处——成云洞书院

眼，尚未能以视人也。”因倾示以单微之解，公领略契会，愈肆其力，由是文日益进。

据《安溪县志》载：“光地少无声色之好，衣食裁取粗给，经年不奏丝竹，门馆寂寥，无有私谒……潜心探索性命之旨，至于图象之秘、声气之元、历法西算之微，无不精究洞彻。”李光地边读书，边做笔记，“公既励志，首抽性理之编，专心一力，每夜手录数千言，日则熟诵深民，穷极深微”。18岁编写《性理解》，19岁写《四书解》，20岁写《周易解》，23岁注《洪范》和《卜书补义》，24岁辑《历象要义》，25岁通律吕之学，后又从著名学者顾炎武受音韵之学。

妙峰山位于湖头碧翠岩山麓，山势挺拔，风光旖旎。山中有

座妙峰寺，为李光地祖父李先春及族祖李懋桧所建，21岁的李光地曾在此读书，谱《太极通书相表里图》。过了半个世纪，李光地挥毫写下《妙峰寺弱冠读书处今来屈指五十余年》诗篇，追忆当年情景。

对于成名成家的历史人物，后人喜欢赋予神话色彩。《李文贞公年谱》说李光地13岁时，“循循恭谨，侍坐于长者，日暮不敢就宴”；18岁时，“敛衣冠，谨坐起，非程朱不敢言，尊卑惮之，闻公来，则裸者衣，欢呶者息，因噪为假道学”，一副道貌岸然的形象。李光地家教良好，读书专一，这是事实，如果说他从小就被程朱理学泯灭了童心，整天摆道学架子，头脑僵化得“非程朱不敢言”，则未必是事实。其实，李光地一方面致力于维护孔孟之道作为封建正统意识形态的权威地位，视“‘四书’‘五经’，如饥食渴饮、祖宗父母一般”，另一方面，又认为不应该拘泥于圣贤之语，而应该“言孔孟所未言，而默契孔孟所欲言之意，行孔孟所未行，而吻合孔孟必为之事”。

聪颖的李光地很快在科举考试中彰显才华。康熙二年（1663年），李光地补廪膳生，岁试第二名；次年，李光地试策论举于乡；康熙五年，中举；康熙九年三月，登进士第。殿试时，李光地完成制策行将交卷，突然刮起大风，桌面上的试卷随风起落，卷中“韬铃”一词中的“铃”字无意中碰上笔尖，“韬铃”成了“韬铃”，无奈修改已来不及，只能听天由命，最终“拟第一，因制策错一字，降为第五”。据年谱记载，阅卷官大学士冯公溥阅过李光地卷，大为赞赏，摩挲良久，欲取状元，其他读卷官吹毛求疵，乃置二甲第二名。同年四月，选翰林院庶吉士，皇上有旨试诏一道，李光地名列第一，选庶吉士，习国书。

康熙十一年（1672年），诏诸翰林各献所学，李光地进《河洛图说》；同年秋，庶吉士散馆，李光地再次名列第一，授翰林院编修，负责诰敕起草、史书纂修和经筵侍讲等。康熙十二年春，担任会试同考官；五月，乞省亲归。

昌祐堂
府第傳乾坤
相門知理學
龍鳳呈祥結良緣

第二章

平定海疆献良策

康熙（1662—1722）初年，李光地在平息“三藩之乱”、稳定东南沿海局势和收复台湾过程中作出了重要贡献，为康乾盛世的到来贡献了力量。

蜡丸上疏

清初，明朝降将吴三桂、耿精忠、尚可喜等人因镇压农民起义和扫除明王朝残余势力有功被分封为王，但随着势力的强大，他们不再甘愿接受清廷的统治，欲成为独霸一方的割据势力。康熙十二年（1673年）十一月，平西王吴三桂在云南起事；次年，靖南王耿精忠据福州反清，又招台湾郑经发兵取沿海郡县为声援；康熙十五年，平南王尚可喜之子尚之信接受吴三桂授予的“招讨大将军”封号，占据广东全境。这就是清初的“三藩之乱”。

对于“三藩”对朝廷的威胁，李光地早已有所察觉。康熙八年（1669年）冬，李光地初至京城，与在京做官的同乡谈及时局，曾以“以强藩世及（世袭）为忧”为答。康熙十二年五月，李光地以翰林院编修充会试同考官身份乞假回乡省亲，途中听说尚可喜、吴三桂、耿精忠相继上书朝廷请求撤藩而朝廷亦同意撤藩的消息后，立即预料变乱就要发生。他深知吴三桂等人请求撤藩不过是试探，朝廷果真要撤藩，他们定将起兵。到家乡后，李光地立即写信给福建总督范承谟，建议他以阅操闽安为名带领所部将士离开福州，驻扎延平，以扼制耿精忠。范承谟收信后，优柔寡断，“徘徊不能决”，回信说：“所书是也。吾自度不足以办，吾义唯与此城共存亡耳。”最终在叛乱中被囚禁杀害。

耿精忠“既蓄异志，思收罗才杰之士”。迫于逆贼淫威，“泉州府、安溪县皆为伪官，将闽绅进士以上者无不驱而为伪官”。泉州知府王者都对耿精忠献计说：“李某堪称王佐，如不出，天下事未可知，必为大王之害。”于是，耿精忠派人到安溪招揽李光地。李光地不得已到福州见耿精忠，行前他嘱咐家人谎报父疾，故到福州两天后便告假回乡，并迅速携父躲藏于荒郊野岭。

李光地回到安溪后，企图联合泉州城守赖玉、漳州城守黄芳度起兵。但可惜的是，赖玉因事机不密，被知府王者都擒杀。不久，台湾郑经所部将领吴东率军攻入泉州，进军安溪。郑经派杨芳当说客，先后三次召李光地前往，均被婉言谢绝。李光地说：“我若背叛朝廷，是为不忠不义之人。你们要不忠不义之人，又有何用？”说客无言以对。

虽身处荒野，李光地并没有忘记为国谋划平叛大计，他派人四处打探情况。经深思熟虑，康熙十四年（1675年）五月，李光地向清廷密疏“破贼机宜”，略谓：

闽疆褊小，自二贼割据，诛求敲扑，民力已尽，贼势亦穷。南来大兵宜急攻，不可假以岁月，恐生他变。方今精忠悉力于仙霞、杉关，郑经并命于漳潮之界，唯汀州小路与赣州接壤，贼所置守御不过千百疲卒。窃闻大兵南来，皆于贼兵多处鏖战，而不知出奇以捣其虚，此计之失也。宜因贼防之疏，选精兵万人或五六千人，诈为入广，由赣达汀，为程七八日耳。二贼闻急趋救，非月余不至，则我军入闽久矣。贼方悉兵外拒，内地空虚，大军果从汀州小路横贯其腹，则三路之贼不战自溃。伏乞密敕领兵官侦谍虚实，随机进取。仍恐小路崎岖，须使乡兵在大军之前，步兵又在马兵之前，庶几万

全，可以必胜。

疏文写好后，李光地将其封入蜡丸，又将蜡丸植入家仆夏泽小腿，外贴膏药，掩人耳目。李光地的六叔李日煌化装成卖纸商人，护送夏泽夜走连城，入江西，取道鄱阳湖北上。天高皇帝远，这道蜡丸疏直到康熙十五年（1676年）春才送到北京。京官以夏泽“自贼中来，虑有他变，弗敢以闻”，幸运的是，“泉州籍内阁学士富鸿基以全家百口作保，即日代奏”。康熙见疏大喜，嘉其忠，命兵部录疏，吩咐领兵大臣参阅。但福建前线的形势已经发生变化——因郑经声言借漳、泉二府之地，“精忠难之，于是耿、郑交恶”。郑经遂径自出兵，夺取泉、漳、兴、邵、汀诸府。为对付郑经，耿精忠于康熙十五年六月从浙、赣等地调兵南下。清军趁机出击，攻破仙霞关，直取浦城、建宁、延平，耿精忠投降。

清军统帅康亲王杰书进驻福州后，命宁海将军拉哈达等进剿郑经，并访李光地下落。康熙十六年（1677年）三月，李光地到福州见康亲王。李光地所献破敌之策，虽未实行，但其报效朝廷的行为却得到康亲王的充分肯定。因此，康亲王上荐疏：“光地蹇遭贼乱，颠沛不渝，矢志为国，始终不肯从逆，……应予褒扬。”四月得旨，超授李光地为侍读学士。九月，李光地赴京，行至福州，闻父丧，又回安溪守制。

稳定闽海

平息耿精忠叛乱之后，福建并未安宁。康熙（1662—1722）

前期，以蔡寅为首的“白头军”打着“反清复明”的旗号，干着烧杀抢掠勾当，一直活跃于闽南地区。据《福建通志》记载：“寅本永春卖浆儿，流落漳浦为巫，挟左道惑众，假托明裔，自称朱三太子，以白巾裹头为号，屯聚同安县之苎溪岭，劫夺饷运。海贼王鼎、欧九等应之。一夜，蓦入泉州，斩关而出。又攻安溪。为安溪令李钰所败，乃回同安。”

康熙十七年（1678年），蔡寅又结众两万余人围攻安溪。李光地欲练乡兵抗拒义军，遂向康亲王杰书索粮。杰书划出附里数村，由其科取。李光地以安溪县令的三百两银子为基础，招募乡兵，募得百人，进而断绝白头军粮饷。白头军万余人，其军粮“所恃皆四方村堡送给者”。李光地亲自书写告示数百张，四处张贴，劝导送粮百姓：“贼何能为害，不过乌合之众，大兵旦夕即到。予已练乡兵剿贼，汝若送粮亦是贼，大兵岂汝贷耶？”由于李光地措施得当，白头军遭受重创。蔡寅愤怒至极，集结数千义军攻打寨堡。李光地以乡兵迎战，又传令其他各堡：“倾堡内大小男女，皆聚立堡外。有铁器者执铁器，无则竹竿亦好；有赛神旗扬之，无则裙襦亦好。不如令，即以贼论。”白头军不知底细，见各堡旗帜飘扬，人数众多，且有乡兵迎敌，遂惶恐撤退。李光地令其弟光垤率乡兵追赶。白头军终因日夜饥疲，不得休饱，仅过七日便溃不成军，仓皇逃命。

几乎与白头军起事同时，郑经部将刘国轩攻陷海澄、漳平、同安、惠安诸县，进逼泉州，断万安、江东二桥，南北援绝。面对危在旦夕的泉州局势，李光地派叔父李日煋到福州向康亲王杰书求援，另遣僧人檀机求援于漳州。杰书派吴兴祚提兵南下。因

洛阳桥被断，沿海道路不通，李光地遂派遣弟光垤、从弟光琅率乡兵引导吴兴祚之兵从仙游入永春。仙游、永春交界的白鸽岭为郑军所据，李光垤与练总王丁夹击郑军，打通岭道。八月，吴兴祚之兵出永春，南下泉州，扎营以待拉哈达之兵。李光地在派遣李光垤迎导吴兴祚的同时，另派从兄李光斗、表弟吴慨观率乡兵迎导拉哈达之兵自漳平朝天岭入安溪。漳平至安溪为荒山僻野，李光地派乡壮修通险道，搭造浮桥，接济军需。八月二十三日，拉哈达兵入安溪。刘国轩见吴兴祚扎下营垒，又闻拉哈达之兵将至，遂于二十六日退走厦门。于是，漳、泉所失城邑相继收复。至此，历时六年的福建乱局宣告结束。

在稳定福建东南沿海局势过程中，李光地起了重要作用。泉州解围后，拉哈达具疏，详陈李光地志切灭贼、接济军需的情况，称赞道：“八闽皆处危地，若非学士（指李光地）中流一砥，几于事不可问。”康熙帝闻报，大加赞赏：“李光地当闽地变乱之初，不肯从逆，具疏密陈机宜，殚竭忠贞。今又遣人迎接大兵，指引道路，平险隘，治浮桥，馈食物饷军，率民兵备办粮米，供给兵众口粮。矢志灭贼，实心为国，深为可嘉。”十一月，李光地特迁为内阁学士。

保施琅统一台湾

台湾自古就是中国的领土，1623年被荷兰殖民者占据。1661年12月，郑成功率军收复台湾，并将其作为反清复明的根据地。康熙四年（1665年）七月，福建水师提督施琅受命为靖海将军，率军攻打台湾，船到澎湖，突然重雾猝合，飓风大作，将船队吹得七零八落，清军被迫班师。从此，清廷即以“风涛莫测，难必制胜”为理由，停止进征，进而又裁撤福建水师提督，开始了与台湾郑氏之间讨价还价的谈判。

“三藩之乱”平定后，大陆基本统一，中央集权进一步加强，国家的军事实力也大大增强。而台湾明郑政权经过六年的战争，军事、经济力量显著削弱，统治集团内部矛盾重重。在这种形势下，康熙帝把统一台湾提上了议事日程。

康熙十八年（1679年），清廷恢复福建水师建制，任命万正色为水师提督。康熙二十年正月，占据台湾的郑经死去，子郑克塽嗣位。六月，福建总督姚启圣疏报郑氏死讯，康熙帝认为攻取台湾的时机已成熟，令福建督抚及满汉将领“务期剿抚并用，底定海疆”。然而廷臣于此则多畏首畏尾，“自重臣宿将，至于道路之口，言海可平者，百无一焉”。福建方面，总督姚启圣、提督万正色及宁海将军拉哈达亦纷纷上疏，言台湾不可攻，“咸谓海洋险远，风涛莫测，长驱制胜，难计万全”，其间“畏难有六分，而养寇以自重亦有四分”。由于福建将官的反对，康熙帝对出兵台湾之事犹豫不决。七月中旬，康熙帝与诸臣议事毕，独留李光地和明珠再议。康熙帝问道：“海贼可招安否？”李光地力言不可，理由为：“彼恃海上风涛之险，一闻招安，他便说不削发、不登岸、不称臣、不纳贡，约为兄弟之国。岂有国家如此盛大，肯与为兄弟之理？”康熙帝又问：“然则此时可用兵否？”李光地断然答道：“闻郑经死，其军师陈永华亦死，此其时……但向日满洲兵不习水战，上船便晕，却去不得。必须南兵习于舟

楫，知其形势，乃可用。”康熙帝又问：“汝胸中有相识人可任为将者否？”并“敦问再三”。李光地考虑数日，审慎地推荐前任水师提督施琅：“他全家被海上（台湾）所杀，是世仇，其心可保也；又熟悉海上情形，亦无有过之者，又其人还有些谋略，不是一勇之夫。又海上所畏，唯此一人。用之则其气先夺矣。”七月二十八日，清廷任命施琅为福建水师提督总兵官，加太子少保衔，令其“到日，即与将军、总督、巡抚、提督商酌，刻期统领舟师，进取澎湖、台湾”。

施琅抵达厦门后，不久即在进军路线和利用南风或北风的问题上，同总督姚启圣产生分歧。施琅连续上疏康熙，提出要独任征剿，而令督抚催赶粮草接应，不限时日，风利出师。关键时刻，李光地和明珠给予施琅有力支持。康熙这才同意由“施琅相机自行征剿”。姚启圣见康熙帝给施琅以专征台湾之权，妒火中烧，遂主张征台之事宜缓，并以三千金买通给事中孙蕙。孙蕙于康熙二十一年（1682年）两次上本，言“兵不可轻动，恐船入大洋损兵辱国”。定海将军与姚启圣也都上本支持。

康熙对出兵一事产生犹疑，再次召见李光地入宫，问道：“孙某的上疏你见过否？”李光地答：“两日前见过，孙某所言不失慎重之意，但以臣度之，天运循环，无往不复……渠今内乱，我朝方盛，真天亡之时也。但虽天时地利俱好，而其中必须一点人事凑合，断未有安坐不费一草一木而贼将倾巢来归者。”康熙提出姚启圣和孙蕙等人的看法，说：“别的一踌躇，只是恐风起摄船入大洋，贼众乘之，丧师为虑耳。”李光地以施琅的经验为解释：“此处臣已经问过施琅，施琅大笑，云‘此皆不曾身经之言，若之兵有利钝，不必大洋。若飓风作，入大洋，纵有百万战舰入其中如一秕，我船不自主，贼船能自主乎'？"并再次保荐施琅："海上唯凭风信，可进则进，可止则止。提督施琅谙于水师，料必无虞。"终于，康熙力排众议，坚定了攻打台湾的决心。

康熙二十一年（1682年）五月，李光地上疏乞假送母回乡。此时，正值施、姚矛盾激烈之时。李光地见到姚启圣，劝解道："老公祖不须如此，你当年也曾向朝廷推荐过施琅，他之功即老公祖之功也。"姚启圣不承认他妒忌施琅立功，又强调说出师海战必须万无一失。李光地又将他说服康熙帝的一席话对姚启圣复述一遍，并说："老公祖所闻左右之言亦不尽确，望更详审，此朝廷大事，和衷相济为善。"从此，姚启圣不再为难施琅。

施琅出征前夕，向李光地详细介绍渡海作战计划，特别是对于只能于六月借助南风而不能于十月用北风之理由，言之凿凿。李光地听后，赞扬道："着着胜算，语语中机，业已成功，可贺可贺！"坚决支持他六月用兵。康熙二十二年（1683年）六月十四日，施琅率水师从铜山出发，七天攻克澎湖，刘国轩逃回台湾。战局的进展果然不出李光地所料：只要攻克澎湖，台湾可不战而下。六月，郑克塽上表请降。八月，清军进驻台湾。次年四月，清廷在台湾设一府三县，合厦门置分巡台厦道。

風志澄清
講易見天心
誦詩聞國

第三章

治水患，惠民生

康熙亲政后，“以三藩、河务、漕运为三大事，夙夜廑念”，为治理直隶水患，康熙帝任命学识丰富、勤劳任事的李光地为直隶巡抚。李光地不孚圣望，疏治三河，灭蝗种稻，革除“圈地”；又为民请命，蠲免赋税，汰除冗员。

奉圣旨疏治三河

明末清初，由于战争不断，河道年久失修，水患频繁，特别是位于直隶地区海河体系支流的漳河、子牙河、永定河等，水患尤为严重，不仅严重影响人们生产生活，使沿河出现“近村处处少人家”的悲惨局面，更直接对京城形成威胁，成为一大社会问题。康熙帝亲政后，“以三藩及河务、漕运为三大事，夙夜廑念，曾书而悬之宫中柱上”。康熙三十七年（1698年）十一月，康熙帝专门召集大学士等官员讨论河务之事，革去“殊不称职”的河道总督董安国的职务，重新起用曾担任此职务的于成龙为河道总督，同时任命时任工部左侍郎提督顺天学政的李光地为直隶巡抚，把李光地推上了治理直隶水患的第一线。

漳河是海河水系的南运河支流，由于流域上游落差巨大，下游下泄不畅，历史上灾害频繁。漳河治水历史悠久，早在战国时期，即有西门豹治邺的事迹。李光地“在官以清勤自励，恤民隐，尤尽心于农田水利”，其上任不久，康熙帝即特谕李光地等：“漳河与滹沱河故道原各自入海，今两水合流，所以其势泛滥。尔等往视，如漳河故道可寻，即可开通引入运河。如虑运河难容，即于运道之东别挑一河，使之赴海。其可否修浚情形，尔等阅后再奏。”

奉旨后，李光地雷厉风行，三月率河道总督王新命等属员，实地会勘漳河、子牙河。四月上疏，提出治河方案。李光地在奏疏中说，现在漳河分为三支，其中两支流入运河，另一支分流后又入运河。这样“入运之水已多，子牙河之水自减，可无碍漕之虑。但归卫之河与老漳河皆有散漫浅平之处，应酌量挑浚。其完固口、小支河，应筑鸡嘴坝及拦河坝，逼水入河。”可见，李光地对漳河的情况了如指掌，对治理漳河胸有成竹。他的方案得到康熙帝的充分肯定。秋后，李光地批示两岸州县官府组织民众疏通河道，使漳河、滹沱河由馆阁注入大运河，又开通单家桥处子牙河的支流，使二水合流至鲍家嘴而流入大运河，以分子牙河水势。前后仅用10个月，康熙三十九年（1700年）二月，子牙河竣工。康熙帝前往视察，龙颜大阅，御书《巡子牙河建坝诗》赐予李光地，以示褒奖，这些“御笔之宝”至今还保存在李光地故居贤良祠大理石碑刻上：

暂别宫槐幸子牙，近村处处少人家。
清和微暑浮畦麦，绿树初阴接岸沙。
堤外草荒艰籽粒，淀中水浅捕鱼虾。
黄童白叟望霖雨，霖雨先施莫自赊。

经过这次治理，漳河水势大大减弱，但入白洋淀的一支仍然较强劲，盛夏涨水时仍可能泛滥成灾。为了对子牙河作更彻底的治理，李光地向康熙帝建议再于静海县“阎、留二庄出水处挑成河道，两岸筑堤，束水归淀。则静海县地方不致淹漫，而大城等州县堤岸均无妨碍矣”，“滨河千家居民，择地建屋以易之”。康熙帝欣然同意。趁着春耕生产尚未到来，李光地立即组织实施。竣工后，李光地奏请开诸州县水田，引漳、滏、滹沱、大陆诸水灌溉，并推荐管河同知许天馥为河间知府，以管理这项工程。通过对子牙河水系作进一步治理，漳河之水“北不至挟滹沱

以浸田，南不至合卫河以害运”，大大提高了整个水系的安全系数。

位于天津滦水园的李光地雕像

永定河，古称㶟水，旧名无定河，源自山西马邑，其源流细弱，遇大雨则成灾，泥沙直倾狂泻，《元史》称其为“小黄河”。永定河的治理最初由原任河道总督王新命管理，此外还有工部侍郎赫硕兹。然而，从王新命、赫硕兹受任，到康熙三十九年（1700年）十月，将近一年过去，“累岁靡金钱钜万，绩有弗成”。康熙帝龙颜大怒，旨令李光地查核河上物料、钱粮，并任命李光地负责治理永定河事宜。李光地受命后，前往实地勘查，发现“永定河自芦沟迤东两岸，多沙土，岁有冲决”，认为“河性湍悍，唯引而泄之于洼处，勿事防束，使四平皆容水之区，则虽或泛滥……河害自减，所谓不与水争地者是也”，只有开河疏导，才能全面治理永定河。

康熙四十年（1701年）二月，李光地迅速调集十万民夫，驻扎在永定河两岸，每十人为一铺，其中一人为炊事员；每三十铺派一人负责，划界承包；南北两岸各派一名官员管理；每天开饭后上工，以鸣锣为号。李光地则乘船驻柳坌口，每日乘肩舆巡视工地，往来督促指挥。对于部分民众的不理解，乃至口出怨言、消极怠工，李光地亲自召集父老乡亲进行动员，反复讲明治理永定河利国利民的道理："南河之役，借以济运，犹为有利于国。至若此役，上烦圣虑，下勤百官，无非为父老田庐之计……父老义宜仰体当宁之忧勤，知为万民身家之切务，勉率子弟，官民一心，及时趋事，以图永安。不当视为公家力役之比，妄生怨言也。"由于民夫的积极性被调动起来，原定一年完成的工程，仅四十天即竣工，沿河居民则另建宅迁居。排涝后的田地，庄稼丰收。

同年四月，康熙帝闻奏"十万之众，罔有疹疾，功以时成，岁亦大稔"，巡视了永定河，对随行大臣说："朕用一清正抚臣，便岁丰民乐。"为了表彰李光地的治河功绩，康熙帝赐御书"夙志澄清"匾及御服衣冠并赐御制《察永定河诗》：

源从自马邑，溜转入桑乾。
浑流推浊浪，平野变沙滩。
廿载为民害，一时奏效难。
岂辞宵旰苦，须治此河安。

康熙御书"夙志澄清"

李光地治理永定河的成功经验很快被康熙帝推广用于治理黄河。康熙四十一年（1702年）九月，两江总督、黄河河督张鹏翮要求将黄河两处急弯浚直，康熙立即批准："朕观永定河修筑之法甚

善，河身直，河底深，所以淤泥尽皆冲刷，今治黄河亦用此法，方为有益。”张鹏翮心存疑惑：“永定河小，可以用埽，黄河势大，难以用埽。”康熙帝仍然坚持李光地治理永定河的方法，“姑试用之”。张鹏翮采用之后，大加赞赏，“河堤果然坚固”。

灭蝗种稻除圈地

“畿内洼下州县，每岁蝻发”，李光地担任直隶巡抚的第二年，蝗灾特别严重。这年六月，李光地督促官吏，更“亲率官吏昼夜捕扑，又募民有捕至一石者，予资若干。即除灾之中，而寓振穷之惠。顷之，复以捕扑未尽，自请镌级及协捕各官级以督其效。未几，捕扑尽灭，岁以有秋。凡官僚所镌级，概蒙开复”。

李光地在督捕蝗虫过程中，还深入了解蝗蝻的生长发育过程。他发现夏秋时节，河水泛滥，堤岸积水严重，蝗虫产卵于浅滩，等到洪水消退，蝗卵则没入淤泥，如果冬季没有下大雪，春回大地，蝗卵即生长发育，地面有小孔依稀可辨。春天过去，温度上升，蝗卵即出土化为幼虫。对蝗蝻的生长发育过程详细了解后，“公遂于冬月预饬洼下令长，造为直锐铁锥，长尺许，凡数百枚。于腊底春初，乘印封务间，量募庄农，以锥置竿末，分走坡坨处，比栉巡视，过窍凿之，蝻患顿减。后人循用是法，至于今为民利”。

正如康熙帝“言捕蝗之事，云‘人有实心，则天意可回’”，李光地灭蝗的辛劳在《寄季弟耜卿书》中有载：“近捕蝗遍历郡县，至今四十日未归也。老大残疾，鞍马殊危，兼以伏日暑雨，炎溽交蒸，北地泥水深厚，终朝跋踬，然中心安焉，虽冒死不辞者。”兴农的收获是，“今则捕蝗蝻已近十万石，将来当不下数十万。直隶秋成大熟，幸未为此物所伤，抑亦窃比于御灾捍患之细者耳”。

永定河竣工后，李光地进一步规划了直隶的农田水利建设，试行南稻北移，以求从根本上改变直隶的农业落后面貌。以往官吏把直隶农业落后归咎于“惰农自安”，李光地指出其原因在于水利不修，根本原因在于官吏不作为，“但恤身谋，无能以民事为家事者”。康熙四十一年（1702年），李光地上疏，推行其兴修水利的计划，但康熙帝“虑兴役致扰，密敕姑以官檄行之，需事有绪再奏”。李光地只好“檄下所属令各条水利便宜，而清苑令浚井三千口，特最其绩以示劝”。第二年，李光地又下《饬广积贮牒》，督促兴修事宜。

南稻北移，早在明朝就有人试验过，但遭到保守思想的阻挠而没能实现。康熙三十七年（1698年），康熙帝在圆明园、丰泽园辟地躬耕，取得一定效果。康熙帝在《玑瑕格物编》如此描述：“丰泽园中有水田数区，布玉田谷种，岁至九月始刈获登场。一日，循行阡陌。时方六月下旬，谷穗方颖，忽见一科，高出众稻之上，实已坚好，因收藏其种，待来年验其成熟之早否。明岁六月时，此种果先熟。从此生生不已，岁取千百。四十余年以来，内膳所进，皆此米也。”李光地决心将“南稻北移”计划付诸实施。康熙三十九年（1700年），李光地提名许天馥任河间知府，让他负责在河间府推广水稻，并将河间府的做法在全省推广，“凡滨水州县可导以稻田之利者，皆以次经理，岁有成效”。然而，康熙帝对李光地“南稻北移”计划并不热心，认为早御稻固

然在京城西苑内稳获高产，但是长城沿线较为寒冷，担心试种失败。康熙四十三年（1704年）十一月，李光地属下的天津总兵官奏请于天津等处开垦水田，康熙帝明确表示不支持。后来的实践证明，天津并非不能种水稻，著名的“小站米”就是天津出产的。

清军入关后，八旗贵族肆无忌惮地圈占土地，冀中平原所遭受的破坏尤其严重。除了大片肥沃土地被圈占而成为旗人的庄园外，更有大片土地被他们圈为牧马场（即所谓“马厂”），当地民众无以为生，有的投靠旗人，受旗人庇护，替旗人耕种；有的被旗人强迫为奴；有的被赶到贫瘠的土地勉强维持生存。康熙亲政后才谕令户部停止圈地。被赶到贫瘠土地上的人们迫于生计，不得不“偷垦”被圈占的土地，这就造成当地民众与八旗贵族之间剧烈的冲突。

李光地对圈地深恶痛疾。担任直隶巡抚后，他作了一番调查，勘测了各旗所占东翼马厂可开垦的多余土地。康熙三十九年（1700年）十二月，李光地上疏：“马厂余地，有水占不可垦者，有愚民偷垦因歉旋抛者……盖愚民因己田碱薄，故舍而垦余地，原未多占漏粮，故当宽其偷垦之罪，使各安耕种，照则输粮，至旋抛及掘蝻等地，容臣檄行州县，陆续劝垦，照垦荒之例升科。”李光地认为，民众因自己的土地碱薄洼下，所以要垦种马厂内的土地，但他们并没有多占，也没有少交赋税，请求皇上赦免他们的“偷垦之罪”，允许他们继续耕种这些土地，照常纳税；同时，请求康熙帝允许他给各州县下文，让各州县百姓耕种东翼马厂内的多余土地，按照有关垦荒的规定实行，使这些荒芜的土地重新变成良田。

康熙帝同意了李光地的请求，于是，东翼马厂内的八旗都统“俱衔命会勘，既退还所攘民业”，不得不把当初强占的土地退还给农人。“及事定，旗人犹嚣沸”，这些八旗子弟怀恨在心，但慑于李光地的威严，又不敢怪罪百姓，只得上告朝廷，希望皇上为他们撑腰，“上命内大臣会公确议，内大臣声色俱愤，公据事论理，词气冲和，内大臣为之愧屈”。

将东翼马厂的多余土地还耕于民后，李光地又着手处理西翼马厂多余土地问题，请斥余地予民。既竣为奏，略曰：“西翼余地，乃先岁用以准抵城西所圉民地者，不宜圈给旗人。即旗人旧的侵圈，亦宜斥以予民。从之。”这样，西翼马厂的大片土地又重新回到百姓手中。

以民为本治绩显

康熙执政期间，局势较为稳定，百姓生活得到改善，整个社会在政治、经济和文化方面都处于发展阶段。

康熙帝常出巡京郊，每次都随从甚多，当地民众苦于供应。康熙三十八年（1699年）五月，李光地迎驾，“始出时，供亿从简，比回銮又然，扈从者嚣沸，公不顾，因间奏曰：‘畿甸翠华时幸，一切供亿，臣皆过从减损，以纾民力。’上是之，且命随从有敢罔法扰民者，先按治后以闻”。李光地本人也以身作则，每次出行，“仆不过五六人，簿吏标骑合不过十许人。车马省约，禁诫严明，所经由敢有需求骚扰者，死无赦。有阴为趋奉供亿者，罚无赦，巡抚令，率以为常”。

常平仓是古代朝廷为调节粮价、储粮备荒以供应官需民食而设置的粮仓。特别是青黄不接之时，朝廷如不及时发放粮食，市场粮价就会急剧上升，一般老百姓买不起粮食就要挨饿。传统的官僚体制办事拖沓，地方官吏申请发放粮食的报告审批周期长达一两个月，违背了常平仓设置的最初目的。李光地决心革除这一弊端，康熙三十九年（1700年）正月，他上疏《请定常平仓咨部辄发之例》，陈述规章制度手续烦琐，特恳请简化手续，让户部接到地方官吏的报告后就立即发放，得到康熙帝的批准。

康熙四十二年（1703年），直隶地区数州县遭遇水灾。为了防止地方官吏和富人发灾难财，李光地又上《请发仓赈借仍酌行平粜疏》，请平粜受灾州县仓粮，略曰："发仓以济贫民之食，其施有限；平粜以出富家之粟，为惠无穷……确访时值，量减平粜，如时值稍平，即复量减，务令富室不得擅囷仓之利，庶小民不致有升斗之艰矣！"而对地方官"出纳不清，实未能赈济，而妄报赈济，及借出米谷，假捏非实，至明岁借口民穷不能还仓者，除勒该州县赔补外，仍行参处"。

次年春，李光地在河北农村推行"社仓法"，说服各地吏民根据自己的能力拿出部分粮食，得数万石，分别储存于所在乡村，名曰"社仓"，以便灾年接济贫民。同时，制定"社仓法"，丰年大量储存粮食，收成一般年份用新粮换取陈粮，歉收之年根据各家各户人口发给救济粮，所在地方官吏不得干预社仓的粮食出入，社仓的主持者必须每年秋后将社仓的存粮数量上报官府以备查考，这样就可以一劳永逸，避免滋生弊端。

在治河过程中，李光地发现因开凿新河，占用民田一百三十九顷，遂奏请豁免赋额。当时，通州等地额设红剥船六百艘，以转运漕粮，每船给赡田四十顷，收租赡船，遇到水旱灾一律不得减免。李光地目睹这些瑶户疾苦，奏“请红剥船田亩，遇灾一体邀蠲”。

治河之初，时用部议，召家居督抚以下、道员以上三十余人，至工所，出资为助。康熙四十年（1701年）四月，永定河竣工之后，李光地以“经费以足，不必责资于下，且诸臣中，多有守职清素者”，请求放免永定河效力人员。河道总督王新命负责治河时，曾开征北河捐例。永定河竣工之后，李光地顶住压力，请法为奏，免开永定河工捐纳事例。同年十月，李光地奉命勘察原漳水要冲的广平县，看到百姓因水灾耕种维艰，遂上疏康熙“免其田粮，既涸则劝垦起科，若明年水势未消，则再免一年”。

灾荒之年，皇帝开恩，往往准许免除该年的赋税，但往年积欠的赋税并未停止征收，受灾民众仍然还得交纳。康熙四十四年（1705年）四月，李光地又向康熙帝提出“蠲免之岁概停旧逋之征”的建议，指出：“蠲免之岁，旧逋未与停止，故官吏迫呼不辍，不肖者或缘旧逋以罔新额。”为了真正减轻百姓负担，达到“与民休息”的目的，就该在蠲免赋税之年连同以往积欠的赋税一同免除。康熙帝接受了李光地的建议，将此作为法令颁行全国。

李光地担任直隶巡抚期间，治绩显著，康熙帝赞其“居官甚佳”，“体恤微员”。康熙四十二年（1703年）四月，康熙帝认为李光地“居官诚优，且得大臣礼”，“自任直隶巡抚以来，每年雨水调顺，五谷丰登，官吏兵民无不心服”，乃擢升其为吏部尚书，仍管巡抚事。

第四章

钟情书院

李光地不遗余力地推进书院教育，不仅乐于为书院撰文，还亲自创办书院并授课，促进了书院的发展，延续了崇教尚学之风，其流风遗韵绵延至今。

作为从科举制度“正途出身”步入清王朝统治中枢的“理学名臣”，李光地的思想从小就深深打上了程朱性理之学的烙印。李光地在朝为官后，更是为弘扬朱子理学发挥书院的教育功能不遗余力。他不仅乐于为各地书院撰写“院记”或吟咏诗篇，还亲自创办书院并授课，可谓是一位不折不扣的书院教育家。

曲江书院坐落于江西上饶信江钟灵桥南岸，是江西四大古书院之一。康熙五十一年（1712年），知府周淳元对曲江书院加以修葺并更名为“钟灵讲院”（现名“信江书院”），李光地应邀作《广信钟灵书院记》，对钟灵书院的辉煌历史大加赞赏，曰：“西江故人文地，在宋，庐陵、临川、南丰诸子，为文章宗师，濂溪、明道、伊川于此相授受焉。南渡后，有陆氏兄弟，以学行与朱子道义相切。而朱子趋朝来往，必由信州取道。故玉山之讲，鹅湖之会，道脉攸系，迹在此邦。”对于书院的功效，李光地从科举取士前后对比，称：“先时郡士科名寥落，自书院立，明年即有首举于乡者，后遂连年相踵起。故曰山川之秀，有开之者也，人文之盛，有倡之者也。人地之钟灵无绝期，开而倡之，则或百年而不相值。”

鹅湖书院位于江西上饶铅山鹅湖山麓，与白鹿洞书院齐名。南宋理学家朱熹与陆九渊等人的“鹅湖之会”就发生在这里。理学门徒为了纪念这次盛会，于鹅湖寺侧建起鹅湖书院。以后屡有修举，明代宸濠之乱，兵燹之余，鹅湖书院的学舍全部被毁坏。康熙二十二年（1683年），地方官潘士瑞曾予修理。康熙五十四年，令尹施德大加修建。此时，李光地刚好乞假回乡经过这里，遂作《重修鹅湖书院记》。在“记”中，李光地一如既往地对书院的历史地位和现实意义大书特书，曰：“鹅湖者，考亭朱子、象山陆子讲学处也”，“书院之建，实与国家学校相为表里。李渤，高士尔，讲洞之废，朱子犹惓惓焉。今使先贤遗址，焕然重修，江右故理学地，必有游于斯，而奋乎兴起以绍前绪者。倡明者之功，于是为大，故不可以无书。”

南溪书院位于福建尤溪城南毓秀峰下，是朱熹诞生之所。宋嘉熙元年（1237年），尤溪县令李修在郑氏馆舍原址建祠三间，祀韦斋（朱松）、文公（朱熹）。宝祐元年（1253年），宋理宗赐额御题“南溪书院”，闻名天下。元至正四年（1344年）分建父子两祠，朱熹祠仍为书院。明弘治十一年（1498年）扩建。康熙五十五年（1716年），御赐“文山毓哲”大字匾额，悬挂在尊道堂。李光地怀着对朱熹的景仰之情，“一再经此邑，登陴望文公山，洼突毕肖”，并应当时主持尤溪邑事的通判杨君之邀，撰写了《南溪书院志序》，曰：“司马迁自谓明易象、春秋，本诗、书、礼、乐之际，是以至东鲁，入庙堂，高山兴慕，低徊不能去。千载上下，有志之士，不有同心哉！”并为书院题写匾额“斯文正鹄”，表达对朱熹为人、为文的高度肯定。

鳌峰书院由世称“天下第一清官”的理学大家、福建巡抚张伯行于康熙四十六年（1707年）创办，是一所讲学书院。康熙五十六年，李光地讲学于此，并应福建巡抚陈瑸之请，推荐其弟子、理学家蔡世远入主鳌峰书院。在《答陈眉川中丞》一文中，李光地表达了对世风日下的担忧，对书院的教化作用寄予厚望：“明府厉行清修，得儒者淡泊宁静之要，而且克广德心，以教人成物为念。移棨来兹，真九郡士民之福也。前翰垂问，未有

以复。盖教化风俗四字，自明季而不讲。礼义廉耻，自士大夫犯之。读书者荒于业而不检于行，齐民亦惰于游而习于奸。风声日下，殆非旦夕所能还返也。”对其弟子蔡世远褒奖有加：“漳浦蔡翰林世远，有嘐嘐慕古之志，与俗下秀才一片名利心者不同，所读书又知以程、朱为宗，经史诸家，渐能涉猎，所见绅士未有过之者。明府若欲引与共事，更尽前辈切劘之义，庶几于教学交收其益也。”并作《留题鳌峰书院》一诗，“诗序”中对创办鳌峰书院的张伯行和现任巡抚陈瑸大加赞赏，其诗曰：

扶杖趋朝命，停车采国风。诸姜齐稷下，三峡待文翁。
倡道中州杰，尊师百粤雄。有虔初秉越，主静日销戎。
媚学招韦素，贤僚倚帐红。葱青环藻棁，幽翳满芹宫。
我老迷非是，群徒质异同。抗颜愁笏曳，写腹已瓶空。
白首惭嘉会，虚心伫圣功。作人天子意，翙羽戾朝桐。

安溪考亭书院位于福建安溪城隍庙东。康熙五十四年（1715年），安溪县令曾之传扩建文昌祠为书院，移祀文昌于后进，而祀朱子于中堂，又扩充前部为敬业堂，作为讲学场所，署名“考亭书院”。据考证，该书院是在李光地建议之下修建的。据《榕村续集·致曾石岩邑令书》记载，康熙五十五年，李光地回到故乡，“见子弟辈习气甚庞，匪类窜籍者亦多，因地方发觉，公同革逐。某随出家规乡约，期改陋习，以奉善政”。又据李光地《安溪考亭书院记》记载，“光地于乙未年冬告休抵里，拜邑父母曾侯，寓其新落成文昌祠中，因请侯曰：‘俗祀文昌，盖古者司中司命之遗。虽然，星辰河岳必以人配。五百年来，朱子，人师也。今天子崇重之优，风闻天下，教学者知所向往。地之归也，取道西江，凡玉山、鹅湖、朱子信宿讲论焉者，其守土类能修举。吾邑为朱子奉檄往来品题名胜之区，法得立祀，非其人不兴也，其有待于吾侯乎？’侯曰：‘兹吾素志也。’……祠成，邑之人士感侯兴起倡明之意，相与请余记其事以示来者。”

泉州府学（即明伦堂）始建于初唐，南宋绍兴七年（1137年）重建，为左学右庙。康熙年间，在李光地的推动下由泉州知府刘侃知主持重修。据《榕村谱录合考》记载，康熙五十五年（1716年），李光地回到故乡，“公之居里也，约束乡族，课训子弟，和而毅，宽而栗，所岳岳董劝不少假借者，自孝弟始。农忙晴雨咨嗟，公出祷，无不立应。由是奸盗屏息，狙狯失恃，工贾咸若，风雨大和。方是时，知泉州府事者山东刘君侃知、安溪县事者江西曾君之传，皆承公意，于府则重修府学，于县则特建朱子祠，各为延师教授。”李光地特撰写《重修泉州府学记》：“泉在前代，文章科名为天下蔚。学者谈说，至今艳之。然其世升降，俗淳浇，士术人心之变，则有群然波逝其中，而莫之訾省者。”“学校者，四术所从出，故曰学术也，其废其兴，昔人重之。诗曰：于论鼓钟，于乐辟雍。盖言学校之盛，待文王而后兴也。又曰：佻兮达兮，在城阙兮。盖言学校之废为贤人君子所忧悯也。今天子恭承道运，以六艺渐摩四海，必世而再矣。”

榕村书屋位于安溪俊民中学校内，为李光地于康熙二十四年（1685年）命长子李钟伦建造，“因有榕数株，荫数十亩”而得名，专供家乡学者在此读书、著述、讲学。为此，李光地“选《古文精藻》，《榕村讲授》成，因并刻之以惠士子”，并在此“讲授性理之学，诵读圣贤之书”。康熙三十八年，李光地又设义学，让更多的贫困子女有机会受到教育。在他的影响下，泉州各地纷纷设馆讲学，培养人才。康熙五十六年，李光地重构榕村书堂，“时公在里……从游门徒，有蔡梁村世远、陈谦季万策、庄元仲亨阳、婿富允让、姻戚暨子侄数十辈，追随请业。间日，或到榕村成云洞，论道谈艺，啸咏泉石。而族中文会，每月亦一修举，公皆手自批阅。由是族党人士，多兴起者”。

除了大力支持福建和江西的书院教育，康熙三十八年（1699年），李光地担任直隶巡抚期间，也曾创办书院、设立义学，取得良好的教学效果，并产生了深远影响。据载：“前后延孙勷、徐用锡等为之师，立为规条，务使整衣冠，谨颦笑，一正俗学之陋。有间，则身临课之，诸生兼通五经者，以十数，独

榕村书屋

张南龄能诵十三经，中乙酉顺天乡试第一。嗣后推行所属，凡通都大邑，皆以次修举焉。”

李光地为发展书院教育所付出的种种努力，固然有“迎合康熙的需要和好尚”之意，但其“学校之废为贤人君子所忧悯”的拳拳之心可鉴。

第五章

不拘一格荐人才

李光地惜才爱才，见人之善如己之善，不遗余力地荐举人才。他荐举的朱轼、杨名时、陆陇其、赵申乔、刘琰、文志鲸、魏廷珍、李绂、蔡世远、梅文鼎、方苞、惠士奇、王兰生、何焯、庄亨阳等，皆名臣硕学，著称于世。

荐杨名时、马见伯

康熙三十年（1691年）冬十月，李光地督顺天学政，得杨名时、张长史等贤士，而对杨名时尤寄厚望。李光地后来回忆发现杨名时的激动心情时说："辛未之春承命校士，得江南杨子宾实者，其文浩如春江之潮，而独邃于理，知其非恒士也，为之不寐累夕。"故而，"深器之，从受经学"，将其录取为进士，选庶吉士。从李光地受经学散馆后，授官翰林院检讨。康熙四十一年，应李光地之荐，杨名时官至顺天学政。但是，康熙帝似乎对这位学政并不满意，斥他"有意弃富录贫"，只有不受贿赂这一点可取。李光地却进一步发现杨名时"实实有要天下好的意思"，说他"做学院，见一个好秀才，抓住便欲成就之"，"办一事使如自己的事"。对于这样一个勤于政务、视国事如家事的人才，李光地益发器重，于康熙五十四年告假还乡之时，再次荐举杨名时，"公念将告归，无以报国，因议乐章事入对，奏曰：'杨名时笃学力行，于今无辈，臣晻嵫景短，无以自效其未尽之志，此人若蒙任用，必不负恩知，臣虽归骸泉壤，上犹得以考其然否也。'上连为首肯"。在李光地的悉心培养和大力引荐下，康熙帝终于开始重用杨名时。康熙五十六年，杨名时授直隶（河北）巡道，任上革除宿弊，颇有政绩。康熙五十八年迁贵州布政使。雍正三年（1725年）擢兵部尚书，总督云贵。次年转吏部尚书，仍以总督管巡抚事。乾隆即位，以其诚朴端方，诏赴京，加礼部尚书衔兼国子监祭酒，并兼值上书房南书房，侍皇太子课读。乾隆二年（1737年）病故。赠太子太傅，入贤良祠，赐谥"文定"。

马见伯（？—1720），字衡闻，康熙三十年（1691年）以武进士授直隶府正守备，在收复西藏的战争中立下汗马功劳。李光地荐拔马见伯的过程颇具戏剧性。李光地督学时，经过正定，就已经与马见伯相识，器重他的才干。康熙三十八年八月，李光地任直隶巡抚时，奏请马见伯为中军游击。李光地为巡查治河工作，经常夜宿船上。一日夜深，李光地披衣下舱，见一人左持弓矢，右挎利刀，坐在舱门外。李光地惊问何人，才知是马见伯。问他何以不睡，马见伯说："公野泊于外，警守不可以松懈，防遏意表，中军本分！"李光地笑道："际时清平，复何处怵？而君达晓凝坐，无乃惫乎？"马见伯答道："凡为将者，日夕警惕；倘床榻偷安，习久益惯，何以备疆场驱策乎？"李光地深为赞叹，说："昔管子称小白惕而大虑，凡龙之蛰，闻雷则惕，惕而升腾，则云雨作焉。故夫惕者，立事之基也。余始知见伯时，披腹陈义，见伯无不惕然易容者，以此知为大器也。"后来，李光地一再向朝廷推荐马见伯。马见伯累迁山西总兵、天津总兵、陕西固原提督。康熙五十九年，康熙帝命贝子延信为平逆将军，率兵定西藏，马见伯参赞军务，屡破敌。惜还师途中，不幸触瘴身亡。

倡历学荐梅文鼎

李光地见多识广，"于今史外百家之书，无所不观"。他认为，对于西洋先进技术，"不可谓之奇技淫巧，盖皆有用之物，如仪器、佩觿、自鸣钟之类"，"工之利用极大"。对于西洋历算，他实事求是地评价："比中国自觉细密，但不知天人相通之理。"为引起康熙帝重视西方天文历算之学，李光地发现和引荐

了清代“历算第一名家”和“开山之祖”梅文鼎，开启了注重天文历算之学的良好风气。

梅文鼎（1633—1721），字定九，号勿庵，宣州人，“家世受易，而好治历，兼通中西之学”，清初天文学家、数学家，与英国牛顿、日本关孝和一起被世界科技史界誉为“三大世界科学巨擘”。康熙二十八年（1689年），梅文鼎奉明史馆诸公之召，入都修《历志》。梅文鼎四处游学，广搜博考中西天文、历算诸学，著有《中西算学通》，初编算学九种，集“七十二家之历”而成《古今历法通考》，在民间颇负盛名。然而由于台官的“畏忌”，他又素性恬淡，始终没有进入“史局”。李光地听说梅文鼎至京，即前往拜访，从此订交。随后又延聘至府，朝夕讲学，称“梅氏历算自汉以下专门未有也”。李光地全面了解梅文鼎近三十年所取得的历学成就后，深感有必要在《古今历法通考》诸书的基础上，编写一本通俗介绍历学之书，“宜略仿元赵友钦《革象新书》体例，作为简要之书，俾人人得其门户，则从事者多，此学庶将益显”。梅文鼎欣然应允。《历学疑问》是梅文鼎的成名作，由李光地作序并主持校刻。康熙四十一年十一月，康熙帝南巡驻跸德州，李光地将该书进呈。康熙帝得此书后，说：“朕留心历算多年，此事朕能决其是非，将书留览再发。”李光地奏说：“求皇上亲加御笔批驳改定，庶草野之士，有所取裁，臣亦得以预闻一二，不胜幸甚。”不久康熙帝西巡，途中向李光地问及“隐沦之士”，李光地再次推荐梅文鼎。第二年春，康熙帝驾复南巡，把《历学疑问》三卷原书发还李光地，“面谕朕已细细看过，中间圈点涂抹，及签贴批语，皆上手笔”。

康熙四十四年（1705年），康熙帝再度南巡，李光地再次找机会力荐梅文鼎，梅文鼎得以被召见。四月十九日，李光地与梅文鼎在运河岸左近谒帝于御舟，皇上“召见舟次者三，皆赐坐移时，垂问道数精微甚悉”，长谈竟日，“连日赐御笔扇幅，颁赍珍馔”。御舟迅速，李光地所乘之“舟不相及”，皇上“乃命系舟于御舟之后，衔尾而进”。康熙帝对梅文鼎大加褒奖，曰：“历象算法，今鲜知者，如文鼎真仅见也。”四月二十八日，临别之际，康熙帝又赐字“赜学参微”，“文鼎由是知名”，终“以绝学被遇”，“荣宠其归，布衣三接，史册仅觏”，“梅子之遇，可谓千载一时”。越明年，为了传习梅文鼎的家学，又征召其孙梅珏成入内廷蒙养斋学习历算。后又接受陈厚耀“请定步算诸书以惠天下”的意见，赐予梅珏成举人头衔，会同陈厚耀、何国宗、戴廷珍、王兰生诸人编纂律吕天文算法丛书《律历渊源》100卷。该书是一部反映当时中国自然科学最高水平的总结性的巨著，流传一时，大大活跃了清代历算学的研究。

冒险竭力救方苞

发生于康熙五十年（1711年）的戴名世《南山集》案，是著名的“清初三大文字狱”之一，被诛戮者甚多。

方苞（1668—1749），字灵皋，一字凤九，晚年号望溪，亦号南山牧叟，安徽桐城人，清代散文家，桐城派散文创始人，与姚鼐、刘大櫆合称桐城三祖。方苞自幼聪明，4岁能作对联，5岁能背诵经文章句，24岁至京城，入国子监，以文会友，名声大振，被称为“江南第一”。李光地称赞方苞文章是“韩欧复出，北宋后无此作也”。康熙四十五年（1706年），方苞中进士第四名，时母病回乡，未应殿试。康熙五十年，戴名世《南山集》案发，方苞因给《南山集》作序，被株连下江宁县监狱。不久，解

到京城下刑部狱，定为死刑。狱中两年，方苞仍坚持著作，著成《礼记析疑》和《丧礼或问》。

戴名世（1653—1713），字田有，一字褐夫，号药身，别号忧庵，晚年号称南山先生，死后讳其姓名而称之为潜虚先生，安徽桐城人。康熙四十八年（1709年）进士，授翰林院编修。戴名世早年以史才自负，以修明史为己任，立下“欲上下古今，贯穿驰骋，以成一家之言……则于古之人或者可以无让”的宏大愿望。为此，他广游燕赵、齐鲁、河洛并江苏、浙江、福建等地，访问故老，考证野史，搜求明代逸事。一时间，文名播于天下。康熙四十一年（1702年），戴名世弟子尤云鹗把自己抄录的戴氏古文百余篇刊刻行世，方苞为之作序。由于戴氏居南山冈，遂命名为《南山集偶抄》，即著名的《南山集》。此书一经问世，即风行江南各地，其发行量之大，流传之广，为当时同类私家著作所罕见。正是这本书，使戴名世流芳文坛两百多年，却也使他遭受杀身大祸。

《南山集》多采方孝标《滇黔纪闻》所载南明时事，且用明永历年号，言：“弘光之帝南京，隆武之帝闽越，永历之帝黔滇，地方数千里，首尾十七八年。”又言：“世祖虽入关十八年……明祀未绝，若循蜀汉之例，则顺治不得为正统。”该书刊行七八年，安然无事。就在戴名世任翰林院编修不久，康熙五十年（1711年），都察院左都御史赵申乔检举戴名世“妄窃文名，恃才放荡。前为诸生时，私刻文集，肆口游谈，倒置是非，语言狂悖”，“祈敕部严加议处，以为狂妄不敬之戒”。康熙命刑部查处，由此南山案发。随后九卿会审，刑部判戴名世为“大逆之罪”，凌迟处死；已故方孝标“挫其尸骸”；同时戴、方二人的祖、父、子、孙、兄弟、伯叔父、兄弟之子，凡年满十六岁以上者，均斩立决；母女妻妾姐妹、十五岁以下之子孙及伯叔兄弟之子均贬为家奴；参与其中的方苞也应斩立决。

李光地惜才，但在这种情况下，营救戴名世和方苞的可能性微乎其微。康熙五十一年（1712年）十月，适词臣侍郎汪霦去世，李光地“以它事入对”。康熙帝叹道：“汪霦死，无复能为古文者矣。”李光地趁机进言：“必如班、马、韩、柳，诚急未得其人。若比霦者，才固不乏。即如案中之方苞，其古文词尚当胜之。”康熙帝再问，作古文仅次于方苞者为谁，李光地说戴名世。当时，“左右闻者，无不代光地股栗”，幸好康熙帝没有怪罪他。经李光地进言，次年二月，除戴名世被处斩外，方苞及同案三百余人因而得救。这一点，连后来诋毁李光地的全祖望也不能不承认其事实，说方苞“会遭奇祸，论死，安溪方倾倒于公，力救之”。

方苞获释后被编入旗下为奴，以平民身份入南书房做皇帝的文学侍从，后来又移蒙养斋编修《乐律》。康熙六十一年（1722年）充武英殿修书总裁。雍正九年（1731年）解除旗籍，授詹事府左春坊左中允，次年迁翰林院侍讲学士。雍正十一年提升为内阁学士，任礼部侍郎，充《一统志》总裁。雍正十三年充《皇清文颖》副总裁。清乾隆元年（1736年）再次入南书房，充《三礼书》副总裁。乾隆四年被谴革职，仍留三礼馆修书。乾隆七年，因病告老还乡，乾隆帝赐翰林院侍讲衔。方苞对李光地的鼎力营救，一直心存感激，在其《望溪先生全集·集外文·卷六·安溪李相国逸事》一文中有详细记载。

第六章

澄清吏道倡廉政

“国正天心顺，官清民自安”，李光地对贪官疾恶如仇，查处了贪污河工钱粮的河道官员、走私食盐的云南布政使，为整饬科场和禁革卖官做了大量的实事。他还平反了江宁知府陈鹏年、瑶民田舜年等人的冤狱。

疾恶如仇绳贪欲

清初，吏治腐败，买官卖官，贪贿成风。平定三藩、噶尔丹叛乱之后，康熙帝在不同场合谕示：“当今凡事俱可缓图，唯吏治、民生最难刻缓”，“民生不遂，由于吏治不清，长吏贤，则百姓自安。”李光地痛恨贪官污吏，“见人之善，如己之善；闻人之不善，如芒刺在背”。康熙三十七年（1698年）十二月，李光地以兵部左侍郎兼右副都御史巡抚直隶，“在官以清勤自励”，注重吏治建设，对官吏课绩从严抓起，“权情理以锄奸弊吏，扬清激浊，奖勤劝窳，去其尤不职者”。

康熙三十八年（1699年）秋，李光地以永定河分司吴禄礼“筑堤旷年，不报奏销”而“节其请给”。吴禄礼反以李光地“贻误工期”反讦，经康熙帝派员核实，吴禄礼贪污事实有据，由是革职，沿河百姓拍手称快。第二年，康熙帝又因河道总督王新命、工部侍郎赫硕兹治理永定河，“累岁靡金钱钜万，绩有弗成”，旨令李光地查核河上物料、钱粮。李光地遵旨“确查题参”，如实上奏王新命等人“修河钱粮，并无着落”，工筑多误。康熙帝下令捉拿王新命、白硕色，由吏部、刑部、工部三部大员严加议处，改命李光地接管治河事宜。治河过程中，为提高效率、减少铺张浪费，李光地上疏建议精简机构、裁汰冗员，“员冗则难核其贤否，责专则易课其功过，如多容年幼不经事之人夹杂其中，不无靡费钱粮、贻误修访之弊”。当择优留用，“永为额缺，此外俱行裁去”。同时加强管理，“倘分司瞻顾情面，仍将才量不堪与幼小未谙之人混行保补，贻误河工者，应将分司严定处分，以责实效”。康熙帝采纳了他的建议。

钱粮、刑名为国家之大要。针对各级官吏贪污、挪用钱粮成风而承审迟延、累拖不决且法轻易犯的弊病，李光地痛心疾首，康熙三十九年（1700年）正月，上《条陈清查钱粮亏空疏》，指出：

李光地故居前“狻”的雕像

“窃见目前因循之积弊，未有甚于亏空者也。夫赋税有民间之逋负，米谷有雀鼠之耗蚀，即或地方有万不得已之事，因公那（挪）移，亦在所不免。然此等皆为数无几，法虽难宽，情可原宥。唯是有不肖各官，不问公私，任意侵那，动千万计。至岁终盘察之时，或将银钱那新掩旧，或将米粟借指支吾。更有钱粮不清，假捏完报。”而其上司，“多牵于情面嘱托，不即举发。至积年不清，又知失察有革职之条，遂不得不扶同支饰，以幸一时”。长此下去，“万一地方有赈救灾荒之事，必至仓贮皆空。诚不可不立法申饬，以期厘清宿弊者也”。建议“切唯钱粮丝毫为重，亏空殊干法纪”，“审明挪移之后，当分别钱粮多寡定罪，以示惩戒”，并详述以往“法轻易犯，致无顾忌”的弊病，劝康熙帝“严例议处”“惩一儆百”；“嗣后应将挪移之官，如

其数上千百，挪用有据者，仍照现例拟议外，如钱粮挪移至五千两以上，或仓粮及粟折米至六千石以上者，无论已未革职，仍予满流，不准折赎，不得以杂犯准徒各例完结，即遇恩赦热审等典例，亦不准减免”。

针对一些命案久拖不决，百姓冤屈难以昭雪，康熙四十年（1701年）十月，李光地又上《请严定承审命案处分疏》，痛斥地方官吏腐败，以权谋私，“命案若凶犯证佐已经到案，承问官秉公察审，断无难结之理。只因地方官遇有人命之事，或为权势制压，或以利欲熏心，故为迁延、迟缓，以图出入开脱之法”，或“意在监毙原告以灭口完案”，“更有听恶役借端苛索，无故牵连邻里，株逮无辜，名为研审真伪，实系借命居奇”。他提请“将一切命案，照例勒限半年”，如易结而违限不结，“严行参处”，“如有听讼不平，锻炼失实等项，另行严查究劾。庶命案无久稽之虞，而刑名之弊可清，官吏之奸可破，囹圄可无幽滞，而良善得以安生矣”。

李光地的奏疏均得到允准，贪官污吏得到惩处，民众拍手称快。

李光地致力于澄清吏治的又一重大表现是惩治走私食盐的云南布政使张霖。盐政是国家财政收入的重要来源，国家实行食盐专卖，禁止走私。但是，百姓走私好禁，“官私”难禁。康熙中期，官员走私达到十分猖獗的地步。云南布政使张霖利用掌管一省财政税赋和人事的权力，倒卖私盐，“积资百万，恃财为奸，交通东禁”。李光地“久闻其恶，但以情迹秘诡，机状深密，未能得其要领，以故未具弹章”。直到此事传到康熙帝那里，“知其挥霍盘结稔恶不悛，念非刚正大臣，不足明研其罪”，乃命李光地“劾治之”。李光地雷厉风行，克服重重阻力，仅用7个月时间就将此案审理完毕，查明张霖假借圣旨，贩卖私盐，得赃银160余万两。部议张霖“立斩”，家产籍没入官。皇上开恩，改判秋后斩决。这一铁腕惩贪行动，大大打击了官员的走私行为。

铁面无私治科场

科场舞弊和捐纳卖官是清代的两大弊政。为惩治科场舞弊，清廷采用了“斩立决”的严厉政策，但依然屡禁不绝，“自贿买风盛，文武生员，多不识字、无行义之人”，“贿买生员之弊，不但孤寒为之不伸，而风俗因以渐坏”。李光地深知科场积弊，认为整治科场和禁止卖官是防止政治腐败最重要的事情，是当前急需改革的一大要务，“事有宜急者，有急不得者，如朝廷目下于科场作弊、捐纳这两件事，真该一刀两断，急急断绝的”。康熙三十二年（1693年），李光地受命提督顺天学政，“畿辅势要鳞集，宿学遏抑，光地一切谢绝，士气顿伸”。康熙三十五年，李光地受命考核旗籍，有皇亲国戚前来为子弟仕进请托，李光地不畏权势，晓以大义，说：“黉序名额，学臣所司，非学臣所有，未敢徇情以邀私好也。”皇亲国戚碰了钉子，其他贵族官僚更不敢登门请托。

康熙三十九年（1700年）七月，康熙帝因科场考试时大臣子弟取中者多而平民子弟甚少的弊端，“诏另编字号，不致妨孤寒进身之路”，并将给事中满晋、御史郑维孜条陈科场积弊与总

督郭琇条陈学校弊端，连同九卿定议一起，下令尽行录出传示李光地及总督张鹏翮、郭琇、巡抚彭鹏详议。上谕中说：“四臣皆操行清廉，李光地为学院时官声最好，今阅九卿等所议，果否得当？如何方能除去弊端，永远可守？各抒己见具奏。”李光地抓住机会，上《条议学校科场疏》，痛陈学校管理、荐拔人才等种种弊病，除支持九卿议定各款外，就整饬学校弊端方面，增加四条意见，第一，学臣应该通过考试选拔，“试日，皇上临轩亲命题目，以杜预拟，及陛辞之际，仍加天语训饬，庶几自爱”。第二，教官也应该通过考试选拔，优胜劣汰，年纪过大和靠纳捐“文理不顺者，均给衔休致”。第三，加强对生员的管理，“请申禁直省文武生员，敬遵现在颁行学政全书条约，虽有切己之事，止许子弟家人代告，出入衙署，上书陈言，保留官长，包揽钱粮，唆证词讼者，悉犯明条，地方官立行详革”。第四，崇尚良好学习风气，“迩来学臣率多苟且从事，以致士子荒经蔑古，自四书本经不能记忆成诵，其能者不过读时文百篇，剿习雷同，侥幸终身”，“宜令学臣于考校之日，有能将经书、小学讲诵精熟者，文理粗成，便与录取，如更能成诵三经以至五经者，仍与补廪以示鼓励”。

在严肃考场、预防腐败方面，李光地又推广三条，第一，鼓励考官积极检举，“如有此等勒收关节之弊，应许房考据实出首，即与优升，则不惟无所惧，而且有所劝，似亦可稍慑营竞者之心也”。第二，加强考场巡察，务求精密严肃，“臣乞严饬外簾监试，嗣后务精密严肃”，“乡会试之后，特遣一二大臣，会同礼部礼科，传集中式之人，当堂复试一义，验其真草笔迹是否符合，且观其文理之通否，与原卷相对，则假伪之弊似可稍除矣”。第三，革逐试场所用儒士，以杜暗中行奸，“窃以为，扣数填名，写榜誊录之事小，而积惯作弊、坏乱科场之罪大，似宜永远革逐”。

康熙五十年（1711年）秋，江南乡试舞弊案震惊朝野。“财神入学官”“左丘明瞎眼无珠，赵子龙浑身是胆”，矛头直指主考官左必蕃和副主考官赵晋。与此同时，江苏巡抚张伯行也将江南科场舞弊案上疏朝廷。李光地连忙入宫见康熙帝，指出：“闻之，然此非特主司罪也，有编修杨者，与赵实相表里。此风不革，科场又安得真士而取之，朝廷又安得良臣而用之乎？”康熙帝随即将杨某革职，并派尚书张鹏翮、侍郎赫寿前往江南审理此案，查明江南举人吴泌、程光奎交通贿赂的事实，且与江南总督噶礼有关。张伯行上疏康熙帝，请求解除噶礼职务，这时噶礼上疏反诬张伯行。由于朝中大臣徇私偏袒，此案久拖未决，且越来越不利于张伯行。在这关键时刻，李光地挺身而出，向康熙帝上密折以救张伯行，指出：“科场一案，坏乱已极，士气沮塞，物论沸腾……乞将一干人犯著解来京，发刑部严加鞫讯，则尽三秋可以结案，官邪儆而国法伸矣！”康熙帝这才下令将噶礼革职，将副主考赵晋等绳之以法，张伯行仍担任江苏巡抚。

捐纳作为官吏选拔途径之一，历代有之，但往往造成吏治不清，贻害无穷。清初，朝廷用兵频繁，财政吃紧，遂开捐纳。此门一开，“名器不尊，登进乃滥，仕途因之淆杂矣”。“名器既滥，吏道实伤”，那些依靠捐纳获得乌纱帽的官吏，“欲望其毋侵渔百姓，岂可得乎？”“捐纳先用，大抵皆奔竞躁进者也，故

多一先用之人，即多一害民之人”。李光地一向对卖官鬻爵持反对态度，他说：“古时命官，惟视德，德懋懋官，功懋懋赏。是有功者，止于赏而官不及焉，此是治天下之要道，而其根却在不迩声色，不殖货利，课官且先讲清廉。”在他看来，“德”与清正廉洁是选拔官吏的重要标准，而以官赏功是与选拔官吏标准背道而驰的。

对于捐纳授官，康熙帝也深知其祸患，但更多考虑的是经济因素，开捐纳不仅可以纾解军需之困，还可以解决河工与赈荒所需经济来源，尤其是赈荒，人命关天，最为紧要。康熙五十一年（1712年）七月，康熙帝又为此辩解：“捐纳亦非好利也，一免钱粮便至三千余万，若爱惜钱粮，何如少免。”在康熙帝看来，免钱粮是大事，足以救百姓，开捐纳是小事，原与百姓不相干。但李光地却不以为然，认为开捐纳表面上为的是免钱粮，百姓可以从中受益，实际上并非如此。百姓非但不受益，反而“民穷日甚”，根本原因在于那些捐纳得官者往往将费用转嫁到百姓头上，层层盘剥，结果使百姓加倍受害，实在是“人祸甚于天灾”。

王新命担任河督期间，曾以费用不济而开河工捐纳事例。李光地接管永定河治理事务之后，“诸营进者，复谋开之，计在必行”。李光地为此加快了永定河治理进程，力求在捐纳开放之前完成河工，以绝营进者之望。工程竣工后，营进者仍不死心，“佐吏交迭更请，且曰‘上意已肯，公慎毋违’。公不应，密奏已之”。康熙五十二年（1713年）二月，修盖通仓，清廷拟复开捐纳，且主议者为图多卖，压低售价，致使益滥。这次李光地态度更加坚定，向康熙帝上《请止捐纳事例》密奏，云：“今四海升平，正慎重名器之时，而条议捐纳，殊失惩儆官邪、爱惜民生之意。”康熙帝终于采纳了李光地的意见，停止捐纳。

平反冤狱扬正气

陈鹏年，字沧州，湘潭人，康熙三十年（1691年）进士。康熙三十六年，陈鹏年任浙江西安县知县，查处了恶霸地主强占数千户农民土地的大案。当地有溺亡女婴的恶俗，他下令禁止溺死女婴。后来任海州知州，他亲自监运数千石粮食前往兖州赈济饥民，“全活数万人”。寻擢江宁知府。

康熙四十四年（1705年），康熙帝南巡，江南总督阿山乘机要求增收地丁银来讨好皇上，陈鹏年不同意；康熙帝的随从向他索要馈赠，他也置之不理。阿山上疏弹劾陈鹏年“受盐、典各商年规，侵蚀龙江关税银”，又于妓院旧址建学堂宣讲圣谕，“为大不敬，当罪在大辟”。康熙帝大怒，将陈鹏年投进江宁监狱，命令桑额、张鹏翮与阿山会鞫。江宁士绅商民得知消息后当即罢市，为他呼号申冤；一千多名生员打起旗帜罢考抗议；小商小贩争相送食物给他吃，甚至驻防江宁的满族人也要求入狱见“陈青天”一面。第二年，李光地抓住皇上询问“江南督臣何如”的机会，说“劾陈鹏年犯清议”，“素颇得誉，迩来顿减，为其参陈鹏年故也”。陈鹏年这才得到豁免，被召为武英殿编修，不久又出任苏州知府。康熙四十八年，陈鹏年任布政使。巡抚张伯行特别看重陈鹏年，事无巨细，倚以裁决。两江总督噶礼弹劾宜思恭亏空官银、粮道贾朴侵吞公款，又提到陈鹏年核实上报的情况不

真实，“吏议夺官，遣戍黑龙江，上宽之，命仍来京修书”。噶礼仍不死心，秘密上疏说陈鹏年写的咏苏州虎丘诗中含有怨气，对皇上心存不满。不久，噶礼与巡抚张伯行互讦，“屡遣大臣按治，议夺伯行职”。康熙帝听从李光地建议，以伯行清廉，命九卿改议，并谕曰：“噶礼曾奏陈鹏年诗语悖谬，宵人伎俩，大率如此。朕岂受若辈欺耶？”因出其诗由阁臣共阅。康熙六十一年，陈鹏年奉命勘察山东、河南等地运河，后来担任河道总督，专治南河（黄河下游）。雍正元年（1723年），陈鹏年累死于黄河堤工所内。雍正帝听说后惋惜不已，曰：“鹏年积劳成疾，没于公所。闻其家有八旬老母，室如悬磬。此真鞠躬尽瘁，死而后已之臣。”

田舜年（1639—1706），土家族，字韶初，号九峰，少时游学江陵，博学多才，康熙年间任容美土司宣慰使。康熙四十二年（1703年），田舜年告老退职，其子田丙如承袭。不久父子反目内讧，土民纷纷请求以田舜年第三子田曜如袭职。为此，康熙四十五年五月，田舜年赴省，向湖广总督石文晟申述情由。石文晟不仅不代为题请，反而以田舜年“私造宫殿，暴虐奸淫”，“与向长庚互许，违误钦案”为由，将他拘禁，并上疏建议判处死刑。田舜年不服，上疏朝廷。李光地此时刚从直隶巡抚调京辅政不久，忙对康熙帝说，瑶民住在京城万里之外的深山之中，即使有冤屈，也难以申诉，宜派正直有威望的大臣前往明察，“使服罪而甘死，则边境帖宁矣”。康熙帝接受李光地的建议，派大学士哈纳前往复审，查明田舜年确系冤枉，于是将诬告者绳之以法，群情激奋的瑶民们于是心悦诚服。

康熙四十六年（1707年），继任直隶巡抚为了加强地方治安，杜绝匪盗，向朝廷建议制定“十家连坐之法”。李光地坚决反对，上奏说：“作案的人行动诡秘，即使自己的父母或主人都不知情，何况左邻右舍，这样胡乱株连，绝不是好的政策。”此事只好作罢。李光地还奏请废除“凌迟”“灭族”等酷刑，使自秦以来沿袭近2000年的酷刑“一旦尽湔”，挽救了不少人的性命。

康熙五十年（1711年）四月，福建发生大饥荒，粮商富户屯粮不出售，以图牟取暴利。漳平饥民陈五显与张振、王富、苏标等聚众两千余人，在安溪太湖岩起义。福建巡抚派兵进剿，逮捕以陈五显为首的一批人。李光地经请示康熙帝，紧急调拨船米往哺灾民，“泉漳间，菜色尽苏”。当时，朝廷对如何处理陈五显等人有不同意见，李光地向康熙帝进言：“五显之发，非设心为乱也，迫于饥馑耳”，“与怀逆背叛者有间。”康熙帝也深知“伊等原非盗贼，因年岁歉收乏食，不得已行之耳”，但还是不能容忍民众有任何反叛举动，决定将陈五显等5名首领处死，其余161人免死。福建地方官吏仍想邀功请赏，竭力追究，又逮捕了陈五显等5人的家属和族人1300余人，欲流放关东。李光地“因间奏明”，请求免去陈五显余党家属的流配之罪，终于使之“蒙恩概予释放”。

第七章

家训泽后世

感于家风、乡风的变化，李光地制定了《诫家后文》《本族公约》《同里公约》等家训、族规和乡约，“期改陋习，以奉善政”。安溪知县曾之传根据李光地的意见，设立府学、建朱子祠，从根本上改善民间风俗。

惜时勤学重方法

李光地从小刻苦求学，一生勤勉，作为从当地“甲族大家”通过读书走上仕途的封建官僚，李光地深受儒家正统思想的影响，力图劝诫子孙多读书、读好书。在李光地与家人的书信往来中，可以看出其对兄弟、儿子的谆谆教诲与殷切期待：

> 二十四年乙丑，“按公寄仲弟讱庵京邸书略曰：‘伦、佐读书榕村勤励，礼老亦共学有志（礼老即孙思哉，为李光地之甥），傅英恂谨书，此儿自是寡过。’又于己巳年，寄訒庵及菜园府君书，略曰：‘礼老已裒然学者，认道理及看文字，见识俱觉日进。纯此罔息，孙家书种成矣。儿辈千万勿懈。’”
>
> 三十年辛未，“按公寄仲弟安卿叔弟阜耜卿书曰：‘安弟料理家事，无事后大须读书，决科之业，尤宜精治。阜弟但能绝酒，我已狂欢，况理旧业乎？果尔，真祖泽也。耜弟肯为经学，今人所难，更须虚宏以包之。语类或点阅未必，嗣方图寄。伦欲通三礼，甚善，此郑康成、朱文公继圣大业，如能精熟，极佳。’”
>
> 四十三年甲申，“按榕村续集寄长儿钟伦曰：‘途中看梅先生书，其功夫可谓不愧古人。汉人学务精熟，诚两字妙诀，惜其时以专门自限耳。看来近代读书，无一精熟者，不独吾今日也。精熟以治经为先，能治一二经作本领，然后从吾所好，则不犯程子游骑无归之病矣。’”

“箴”作为古代一种以告诫规劝为主的韵文，是古代家训的一种常见形式。李光地撰写的三篇箴文，其中两篇是关于学习方面的，其中，《劝学箴》言：

《易》与《诗》《书》，最务精熟。《三礼》《三传》，随分诵读。《西京》《东京》，文极醇厚。唐人之雄，曰韩曰柳。北宋文章，于唐有烈。欧苏条达，曾王峻洁。择其尤者，含咀英华。将来融洽，不名一家。诸子之粹，亦可采焉。荀卿论学，庄子谭天，仲淹《中说》，子云《法言》，伟长《中论》，康节《外篇》，奥指奇辞，手录心追，醇疵小大，默而识之。周程张朱，至为精凿。孔孟通津，经书正鹄。《易》通《正蒙》，性书、学论，以逮洛闽，微言至训，并须熟讲，益以精思。笃嗜深契，尚友遥师。义理昭明，庶几不畔。穷经观史，靡不贯串。犹有余力，列代诗骚。搜春撷卉，以咏以陶。如是读书，方有根底。文学德行，实相表里。

在这篇题为“劝学”的箴文中，李光地根据自己的求学经历，不仅推荐了必须阅读的经书书目，如《易》《诗》《书》，而且点明了其思想内容、写作特色和阅读方法。同时告诫读书人，读书要杂，要博览群书，学会融会贯通。

李光地的《惜阴箴》全篇仅42句168字，是告诫读书人要惜时的箴言，极有特色：

武公九十，犹曰小子。伊川涪还，聪明未止。
须知圣贤，何故如此。后之学者，志逐气衰。
日昃之离，云胡不摧。心无退法，乃与道归。

待文而兴，匪直也民。废于中途，千载同沦。
自知是励，昔人所尊。先病后瘳，盖喻晚节。
人能自新，鬼神所悦。新之又新，咎戾斯雪。
荣华憔悴，谁其免兹。消息盈虚，委命于时。
惟是善恶，不可不思。一夕之旅，便仰颜色。
樊鸟羁牛，心焉安息。一朝终身，君子是择。
念来无端，书之无绪。天者难明，我也无具。
分阴可爱，上哲亦惧。

在《家训·谕儿》中，李光地主要介绍了读书方法：读书要善于提纲挈领，抓住基本的观点、线索，开动脑筋，探索其精微之所在；好记性不如烂笔头，要口到、手到和心到；对于有疑问的地方，要主动提出来，以辩论的方式更能够弄清楚其中的道理；著书不为追名逐利，等等：

“口不绝吟于六艺之文，手不停披于百家之篇；纪事者必提其要，纂言者必钩其玄。贪多务得，细大不捐，焚膏油以继晷，恒兀兀以穷年。”此文公自言读书事也。其要诀却在“纪事、纂言”两句。

凡书，目过口过，总不如手过。盖手动则心必随之。虽览诵二十遍，不如钞撮一次之功多也。况必提其要，则阅事不容不详；必钩其玄，则思理不容不精。若此中更能考究同异，剖断是非，而自纪所疑，附以辩论，则浚知愈深，著心愈牢矣。

近代前辈当为诸生时，皆有经书讲旨及《纲鉴》《性理》等钞略，尚是古人遗意，盖自为温习之功，非欲垂世也。

今日学者亦不复讲，其作为书、说、史、论等刊布流行者，乃是求名射利之故，不与为己相关，故亦卒无所得。盖有书成而了不省记者，此又可戒而不可效。

李光地也非常重视读书的育人功能。他说：“予年来与子说，当劝小儿作时文，岂是要他急中进士图科名？要他读吾儒书，把心地引到正处，虽用心深苦，而自有一段和粹之气。大凡人之心，必有所寄。”

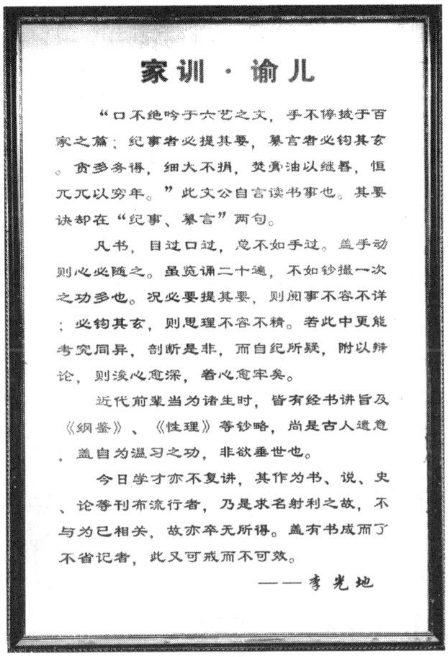

家训·谕儿

“口不绝吟于六艺之文，手不停披于百家之篇：纪事者必提其要，纂言者必钩其玄。贪多务得，细大不捐，焚膏油以继晷，恒兀兀以穷年。”此文公自言读书事也。其要诀却在“纪事、纂言”两句。

凡书，目过口过，总不如手过。盖手动则心必随之。虽览诵二十遍，不如钞撮一次之功多也。况必要提其要，则阅事不容不详；必钩其玄，则思理不容不精。若此中更能考究同异，剖断是非，而自纪所疑，附以辨论，则浚心愈深，着心愈牢矣。

近代前辈当为诸生时，皆有经书讲旨及《纲鉴》、《性理》等钞略，尚是古人遗意，盖自为温习之功，非欲垂世也。

今日学才亦不复讲，其作为书、说、史、论等刊布流行者，乃是求名射利之故，不与为己相关，故亦卒无所得。盖有书成而了不省记者，此又可戒而不可效。

——李光地

李光地《家训·谕儿》

诫子孙诚信守纪

明末以来，社会动荡，道德滑坡，“礼义廉耻，自士大夫犯之。读书者荒于业，而不检于行，齐民亦惰于游而习于奸，风声日下，殆非旦夕所能还返也”。社会环境的变化同样影响着李光地的故乡。加之，李光地“位极人臣”，个别不肖子孙族人难免假借他的名义为非作歹，这是一贯清勤谨慎、廉洁自律的李光地所无法容忍的。

事情要从康熙五十五年（1716年）说起。这年，李光地请假回乡，“到家来，见子弟辈习气甚庞，匪类窜籍者亦多，因地方发觉，公同革逐。某随出家规乡约数纸，期改陋习，以奉善政，兹抄出呈正，尚祈广所未备，颁行条教，俾僻壤有所遵循，不胜幸甚”。在给福建巡抚陈眉川的信中，李光地同样写道：“弟抵里来，见自家子弟及乡党间习染深重，未暇与之语上，聊为立规约数条，望其去太甚者知怀刑守法而已，谨录呈。记曹非望推行他处，但恐将来有顽梗负恃，非悬车里老所能化者，须借威重加之责牿，故愿豫知之也。”李光地清楚地认识到：“要略略地在本乡做得一点榜样，先从本族整理起。”为此，除了劝学、惜时，李光地制定了更具有约束力的家训、族规和乡约。其中，《诫家后文》和《诫家后箴》主要针对自身家庭，《本族公约》针对李氏家族，《同里公约》《还朝临行公约》针对整个同里乡村。所谓“正人先正己”，这样由小及大，从家庭自身——李氏家族——同里乡村三个层面进行约束、综合治理。

《诫家后文》又名《诫子孙》，李光地从叙述祖先起家的艰难历史起笔，告诫子孙要勤俭持家、谦虚谨慎和遵纪守法。李光地的祖父念次公李先春起家艰难，屡遭祸乱，好不容易迎来家族兴旺、时局安定的日子，一些不肖子孙却渐习骄惰，渐渐染上不良习气，胡作非为。李光地以家族盛衰的必然规律和自己的人生经历为例告诫子孙，“夫先世

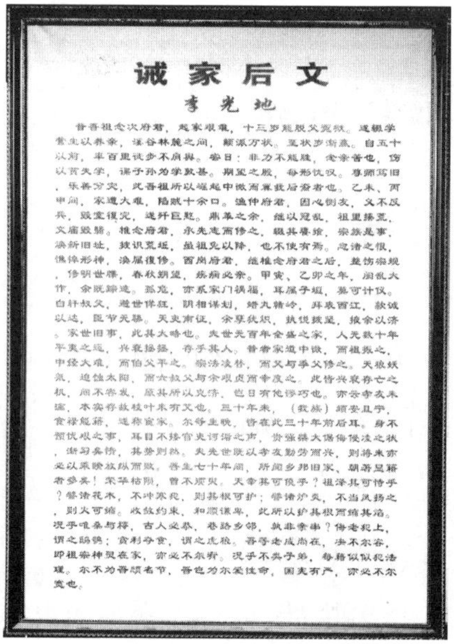

李光地《诫家后文》

既以孝友勤劳而兴，则将来也必以乖睽放纵而败”，“所阅乡邦旧家，朝著显籍者多矣，荣华枯陨，曾不须臾”，为人处世当遵规守纪，谦虚谨慎，不要存着侥幸心理而有恃无恐，“譬诸花木，不冲寒犯之，则其根可护。譬诸炉焰，不当风扬之，则火可宿。收敛约束，和顺谦卑，所以护其根而宿其焰也”。对于一些“侮老犯上”“贪利夺食”，甚至假借他的名义以犯法理的丑恶行为，李光地明确表示，国有国法，家有家规，“尔不为吾惜名节，吾岂为尔爱身命”。全文如下：

昔吾祖念次府君，起家艰难，十三岁能脱父冤狱，遂辍学营生以养亲。溪谷林麓之间，颠沛万状，至状岁渐赢。然自五十以前，率百里徒步不肩舆。曰：非力弗能乘，念亲苦也。伤以贫失学，课子孙为学谆甚。期望之殷，每形忧叹。尊师笃旧，乐善分灾。此吾祖所以崛起中微，翼我后裔者也。乙未、丙申间，家遭大难，陷贼十余口。渔仲府君，因心则友，义不反兵，毁室复完，遂歼巨憝。鼎革之余，继以寇乱，祖里榛荒，坟庙毁翳。惟念府君，承先志而修之，辍其饔飧，宗族是事。焕新旧址，披识荒邱，虽袒免以降，不使有侥焉忽诸之恨。憔悴形神，涣属复收。西岗府君，继惟念府君之后，整肃宗规，修明世牒，春秋朔望，疾病必亲。甲寅、乙卯之年，闽乱大作，余既踪迹孤危，亦系家门祸福，耳属于垣，莫可计议。白轩叔父，避世佯狂，阴相谋划，蜡丸赣岭，拜表西江。款诚既达，臣节无隳。天吏南征，余孽尚炽，执锐披坚，掖余以济。家世旧事，

此其大略也。夫世无百年全盛之家，人无数十年平夷之运，兴衰激极，存乎其人。昔者家道单微，而祖振之。中更大难，而伯父平之。宗法陵替，而父与季父修之。天狼妖氛，薄蚀太阳，而六叔父与余艰贞以幸度之。此皆兴衰存亡之机，间不容缓，原其所以克济，岂曰有他谬巧，亦云孝友未漓，本实存故枝叶未有艾也。

三十年来，颇安且宁，食禄通籍，遂称官家。尔等生晚，皆在此三十年前后耳。身不预忧艰之事，耳目不接官吏诃诟之声，贵强桀大，倨侮侵凌之状，渐习骄惰，其势则然。夫先世既以孝友勤劳而兴，则将来也必以乖揆放纵而败。吾生七十年间，所阅乡邦旧家，朝著显籍者多矣，荣华枯陨，曾不须臾。天幸其可侥乎？祖泽其可恃乎？譬之花木，不冲寒犯之，则其根可护。譬之炉焰，不当风扬之，则火可宿。收敛约素，和顺谦卑，所以护其根而宿其焰也。且况维桑与梓，古人必恭，巷路乡邻，孰非亲串，侮老犯上，谓之鸱鸮，贪利夺食，谓之虎狼。吾等老成尚在，必不尔容。即祖宗神灵在家，亦必不尔佑。况于不类子弟，又每借吾影似，以犯法理，尔不为吾惜名节，吾岂为尔爱身命。国宪有严，亦必不尔宽也。

为便于诵记，李光地还写了一篇《诫家后箴》，全文仅128字，以四字韵文的形式，再次阐明起家艰难、谨慎持家的道理，对子孙“便自放肆”“骄慢成风”的习气表示深深的忧虑，并义正词严地表达了与邪恶风气坚决作斗争的决心：

少小之时，谦谨是尚。动则畏讥，言则惧谤。
傲不可长，志不可荡。使人视之，如璞未锡。
毛诗有言，维莠骄骄。童子佩觿，古人所嘲。
柔颜扪舌，贤圣犹劳。矧尔小子，而敢矜高。
父祖艰难，供尔衣食。便自放肆，而忘检饬。
性既漓薄，质又乖逆。几何不为，败类凶德。
湖山诸子，骄慢成风。汝等又然，恐替吾宗。
今与汝约，改过于蒙。再罔悛心，吾不尔容。

订公约纯净乡风

在《本族公约》中，李光地直指族中赌博偷盗、欺行霸市、聚众械斗等陋习，对知法犯法、屡教不改者，“自今以往，有犯规条，我唯有从公检举闻于官，而与众共弃之，不能徇私庇护”。李光地认为，只有严格法纪，将来年轻一代才能够有所作为，德泽惠及后人：

吾族聚居于此，十有余世，根衍枝繁，人丁众多。然乡土僻窄，恒产无多，又不能守分劳力，勤俭成家，遂有不肖子弟，日与惰游，无觊之辈，妄觊非分之财，小则赌荡以至于穿窬；大则霸据溪港行市，攘人之利，使宾旅裹足；又大则假借名色出没招摇，不可穷诘；其犹可恨者，或聚凶徒百十辈，公执器械，与乡邻格斗，或妄断曲直，不闻官府。原此等恶习之所自来，盖因先年闽乱，山海猖獗，奸民倚盗贼之势焰而作威，豪家压

乡里之柔弱而武断，而官府莫之能问也。今山海荡平已三十余年，天资神明照及万里，当路执法，大小寅忝，民间赴诉自有所司，非宦家所宜预，既自家门户事有应申理者，亦多凭官府公断，岂可恃强纠众，以自陷法网哉。凡再实之木，其根必伤，席荫骄矜，衰落立至，况抵扞文法，便有目前显然之祸，君子怀刑，如何勿思。不佞壮离乡井，皤老归来，念桑梓之恭敬，喜故老之仅存，闵童雏之顽俏，虑余风之未殄。吾闻之教人以善之谓忠，爱人以德之谓君子，况乎一家之亲，岂可自蹈姑息，纳之于不义之域，是犯王法而替祖泽自我始也，自今以往，有犯规条，我唯有从公检举闻于官，而与众共弃之，不能徇私庇护，他日成家之业，泽及后人，尔等阅世之久，自知吾今日之言是亲爱之至，此时虽冒刻薄之名所不辞也。

除族规外，李光地进而又制定了《同里公约》，严申反对盗窃、奸淫、赌博、盗耕牛私宰、放火焚山等五项恶习，这些都是影响日常生产和生活安定的大事，在乡约中公开申明，不仅影响一乡，且对附近乡村都会产生良好的影响，全文如下：

乡俗自当年寇乱以来，习染最深，今虽泰平三十余年，流风犹在，吾家子弟及他姓土著寓居之人，不肖无赖实繁有徒，除逆犯人伦及抵扞官府文法者别有禁约外，合将目前显为乡里害者摘出数条，公行严禁，嗣后如不悛再犯，分别惩治，条列于后：

一、鼠窃狗偷，即大盗之渐，每有惯徒窜伏乡井，能使人无宁居。以后须自相检察，其有素行不端，与匪类相出入者，家甲公举逐出乡井；如事已发觉，则拘执送官，永除患害。

二、伦理风俗所关，奸淫为甚，为士者犯之犹不齿于人类。以后如有淫荡男女，不顾人伦，大坏风俗者，察知素行，立逐出乡。如有容留，即系约正、邻右之责。其以犯奸闻者，务须发觉送奸，不得于约所薄惩塞责。

三、赌博废业启争，乃盗贼之源，乡里此风尤盛。以后须严察严拿，送官按律究治。

四、盗牵耕牛于别处私宰者，固当以盗贼论，即买牛屠宰，亦犯禁条，并当送官究治。

五、山泽之利，节宜生息，则其利不穷；摧残暴殄，其余有几；乡俗动辄放火焚山，遂至大陵广阿，经冬如赭，林薮无资，樵苏何赖，若乃长溪深潭，一经毒害，微鲵绝种，民俗贫薄，此其一端，以后须立厉禁，察出主名，合乡究治。

康熙五十六年（1717年）二月，由于康熙帝下旨督抚催促，李光地返程回京，但他还是放心不下，为了将制定的族规乡约落到实处，临行前又制定《丁酉还朝临行公约》：

一、诸乡规俱照去岁条约遵行。我已嘱托当道，凡系人伦风俗之事，地方报闻，备求呼应作主，但恐我辈同心不公，处事不当，或心虽无私而气不平，事虽不错而施过甚，则亦于仁恕之理有乖，皆未足以服人心，而取信于官长也。嗣后举行旧规必酌其事之大小轻重，可

就乡约中完结者请于尊长会乡之耆老，到约完结；必须送官者，亦请尊长会乡之耆老，佥名报县惩治。如事关系甚大而有司呼应未灵者，乡族长老佥名修书入京，以便移会当道……

二、清家甲一事，乃绝匪类之根源，况经地方上司颁示申严则奉行不为无借，此事我行后，约正可禀尊长，一面报闻有司立为规条，著实举行，作事久而倦者，不特徇情避咎，皆自己本无心之故也。

三、约正于族行虽卑幼，然既秉乡政，则须主持公道。自后乡邻曲直，有未告官而投诉本乡者，除尊乡发与约正调停者，则为从公讯实，复命尊长而劝惩之，其余年少未经事者，虽分为叔行，不得役约正如奴隶，约正亦不得承其意旨，颠倒是非，以坏风俗。

四、宰耕牛一件，断乎不可。我已禁止本乡一年，但发价颇须微费，今除旧存外，我临行再发交贮，并向好义之家题助，再力行一年，以迟我归可也。

五、约正须置功过簿一册，写前后所立规条于前，而每年分作四季，记乡里犯规经送官及约中惩责者，于后务开明籍贯姓名，并同何事故，以备日后稽考，或能改行，或无悛心，俱无遁情也。

在临行公约中，李光地重申乡约内容，要求重在落实，严格法治，秉公而断。他要求对于事关重大“有司呼应不灵者”，可以“修书入京，以便移会当道”，办理解决；提出应清家甲，乃“绝匪类的根源”；约正辈行虽卑幼，应予尊重，不得役为奴隶，约正既秉乡政，须主持公道；严禁宰耕牛，过去已禁一年，需用经费，再向好义之家题助一年；最后规定，约正须设置功过簿，按四季写明籍贯、姓名和违约情况，以便日后稽查。这些要求，具体明确，操作性强。

由于李光地身体力行，以身作则，加上制定族规以约束族人，制定乡约以求地区、本乡的安定团结，在当地起了很好的影响，据《年谱》记载：

> 公之居里也，约束乡族，课训子弟，和而毅宽而渠，所岳岳董劝不少假借者，自孝弟始农氓晴雨咨嗟，公出祷无不立应，由是奸盗屏息，狙狯失恃，工贾成若，风雨大和。方是时，知泉州府事者山东刘君侃知、安溪县事者江西曾君之传，皆承公意，于府则重修府学，于县则特建朱子祠，各为延师教授。

《年谱》所载，由于李光地制定族规乡约，以约束乡族，课训子弟，对整个安溪甚至泉州民风、民俗的改进都起到推动作用。泉州知府刘侃知、安溪知县曾之传根据李光地意见，设立府学、建朱子祠，发展教育，从根本上提高了当地文化素质和道德品质。

在临行公约规条的末尾，李光地还附诗一首：

> 山水净明淑气嘉，那堪俗化任浇讹。
> 人非本业皆无赖，里有仁风即太和。
> 富贵长因骄佚败，贫穷半是惰游多。
> 今朝不作相如难，父老倾听临路歌。

诗中李光地明确指出，良好的社会风气需要大众的共同呵护，骄奢必败，惰游必穷，人如果不务本业，就会成为无赖；乡里有好的风气，即可安定和谐。

第八章

宦海沉浮 鞠躬尽瘁

廷臣结党，明争暗斗，盘根错节，险象环生。李光地深得康熙帝赏识，成为各派争取拉拢的对象，也自觉不自觉地卷入政治斗争。对他的责难，自入仕以来，从未停止过，但每次均有惊无险，侥幸闯关。去世后，谥曰“文贞”。

荐德格勒引祸端

《清史稿·列传四十九·李光地》载："光地被上遇，同列多忌之者，凡所称荐，多见排挤，因以撼光地。"康熙二十六年（1687年）三月，李光地以母病为由，疏请归省终养。陛辞时，康熙帝让他推荐精通《易经》的人，李光地推荐了侍读学士德格勒，称其"学博文优"。不久，德格勒擢任馆阁学士。德格勒英年得志，不知忌讳，在康熙帝面前畅所欲言。他说李光地懂军事，"有文武才，宜膺封疆"，犯了同僚"互相称引"的禁条，有"朋党"之嫌。时天下大旱，康熙帝令德格勒用《易经》占卜，得到"夬卦"，德格勒解释说："泽在天上，有雨，但决去小人，甘霖才能立降！"康熙帝问："小人在何处？"德格勒回答说："阴乘阳势，逼近九五，他就是得时得位之人。"康熙帝明白是指明珠。康熙帝与德格勒的占卜对话，很快被明珠得知。明珠立即利用德格勒私抹起居注一事，将其罢官论罪，打入大狱，并且迁怒于李光地。

康熙二十七年（1688年）春，康熙帝的祖母孝庄文皇后去世，李光地仓皇返京奔丧。令人不解的是，李光地从安溪到福州的途中，连续接到徐乾学的两封信，都是叫他不要着急，迟到不要紧。徐乾学还写信给福建巡抚张仲举，叫他设法延缓李光地的行程。与此同时，徐乾学又给其同党熊赐瓒写信，叫他日夜兼程赶往北京。结果熊赐瓒比李光地早五天到京。徐乾学又唆使熊赐瓒在康熙帝面前进谗言说，他的哥哥熊赐履认为李光地写的书不通。康熙帝问："书不通，人如何？"熊遂编造了许多诬陷不实之

李光地题写的中堂四幅

词，说李光地回乡过福州时，总督王新命请他饮酒看戏，李光地独点《范蠡扁舟五湖》这出戏，自以为功比范蠡，以此暗指皇上可以同患难，不可以同安乐。康熙帝听后大怒。熊赐瓒又乘机进谗言：“湖李家族有万人之众，李光地有霸王之志，其为人臣非其本志。”康熙帝信以为真，下决心除掉李光地。康熙帝猜忌李光地与德格勒是朋党，想从后者口中掏出李的“霸王”心。于是把德格勒招来，施以酷刑。德格勒宁死不屈，康熙帝只好把他流放塞外。

李光地返京第二天，即被礼部劾奏：“在途迁延，以三品卿员未及叩谒太皇太后梓宫，遂交吏部议处降五级调用。”同年四月初一，康熙帝以李光地曾面奏德格勒事，命廷臣诘问。政敌纷纷责问李光地是否与德格勒结党营私，李光地断然否认，只是供称："此皆我识人不明，交友不慎所致"，"我妄奏是实，此皆系我之罪，更无辩处。"

李光地受审之时，恰逢日食。一时日光尽蔽，如同黑夜，康熙帝大惊失色，认为是上天对天子之过的谴责。过了一会儿，负责讯问的兵部和刑部尚书向他报告，李光地只有"妄荐"德格勒这一罪名。康熙帝顺水推舟，下旨说："事已昭著，应将李光地治罪，但李光地前为学士时，凡议事不委顺从人。台湾之役，众人皆谓不可取，独李光地以为必可取，此其所长。除妄奏德格勒外，亦别无如此启奏之事，姑从宽免其治罪，令为学士。嗣后勿再妄冀外任，并希图回籍。宜痛加改省，勉力尽职。"由此，李光地得以豁免。康熙二十七年（1688年）九月，充武会试主考官；十一月，充武殿试读卷官。

饥民入京遭弹劾

康熙四十二年（1703年）冬，李光地以河间一带水灾奏请发放仓米赈贷并命富户出粟平粜。这时饥民大量涌入京师，康熙帝命八旗诸王、贝勒大臣、内务府各官及汉大臣官员等，于京城数十处设立粥厂赈济灾民，但这给京师造成巨大的压力。次年三月，大学士九卿等奉康熙帝上谕，令李光地领回河间等处饥民。当月，给事中黄鼎楫、汤右曾等合疏弹劾李光地，指出去年直隶报灾州县二十余处，李光地上疏称开仓赈济或减价平粜，实际上河间饥民却散入京师者甚多，抨击"光地身为抚臣漫无经理，疏内所称民沾实惠，俱属空言，尤可异者宁津县被灾更重，流亡更多”，“而光地去岁竟不报灾，匿重为轻”，“光地目击流亡，不闻出一筹画，碌碌素餐，虚文巧饰”，特“请严加处分，以为大吏漠视民生之戒”。

李光地回奏说：“去岁河间等府属被水，勘明成灾州县三十余处，陆续照例题请蠲免钱粮，分别灾伤轻重将仓粮散赈出借，又设立粥厂二十余处。自去年十一月起至今未停，无论远近饥民贫民皆许就食。其流散者饬地方官分道招令还乡。臣安敢稍涉懈怠以负皇上委任。然安集无术，犹有贫民如许散入京城，此臣及地方官之罪无可辩者也。”至于起初不了解宁津地方被淹情况，是知县陈大经“竟不通报”造成的，“及十月中，臣扈驾西巡由真定回署，路遇天津县民人，询知情形，即劾罢陈大经，疏中声明宁津颇有水灾”，“非敢匿重为轻也”。但由于受灾之后，“人民既不能悉归本业，致有流移，臣与地方官之罪又无可辞者也”。李光地用委婉的言辞把问题说得一清二楚，康熙帝于是颁旨：“不必引咎。”

康熙四十三年（1704年）四月，李光地又上奏，以河间水灾、饥民流入京师，自陈不职，请求解任。康熙帝览奏后，谕大学士说：“李光地著留任。其居官有何可议？但彼专信门生，常为所诳。凡人口讲道学彼即深信之，夫道学岂易言哉！”“若徒托之空言而无实事，则亦何益之有！”但众臣似乎并不买账。

鞠躬尽瘁谥文贞

康熙四十二年(1703年)四月，李光地迁吏部尚书，仍留任直

隶巡抚；康熙四十四年冬，以“居官甚好，才品俱优”，拜文渊阁大学士。翌年正月，入阁办事，历充殿试读卷官，国史馆、典训馆、方略馆、一统志馆总裁。李光地不仅在政治上深得康熙帝信任，思想文化及学问上也深得康熙帝的赏识与倚重。康熙潜心理学，御纂《朱子全书》《周易折中》《性理精义》诸书，皆命李光地负责校理。康熙帝曾说：“知光地者莫若朕，知朕者亦莫若光地矣！”

李光地的先祖代有疝疾，李光地壮年即苦于此症。晚年的李光地，年老体衰，更是疾病不断，恶疮、疥毒、脾泄之症不时困扰着他。他或“两手硬肿，匕箸俱废”，或“遍体盛发，上及发际，不能胜衣冠，不能移动数步”，“苦楚缠绵”。康熙帝对他关怀备至，“亲观病患所在”，给假令其坐洗温泉，亲赐药物、食物，甚至玉泉山水，指示治疗办法，并一再指示其加餐，以增加体力，“饮食愈多愈好，断不可减吃食”。这使李光地感激无状，每次均上札子恭谢。他多次以病乞休，但康熙帝不愿他离去，一再温旨慰留。而《周易折中》《性理精义》及续编《朱子全书》正是这时经李光地手相继纂修告竣的。

康熙五十四年（1715年）六月，李光地再次上疏乞休，奏疏中说：“臣前以疮毒发体乞休，奉谕以内阁老臣凋零，令臣勉加调摄，药饵食物赐赉频仍，枯株败卉复得更生。”他历诉近几年间承修朱子全书、易经、性理诸书将次告成的情形后，又说：“俯念臣年七十有四，古人悬车之数已过，而痼疾缠绵。每奏对多失仪节，圣主哀矜，往往令人扶掖，而臣何敢自安？”又言：“臣父殁于闽乱之时，窆封浅土，臣母之殁，因臣在京守制，久

康熙帝御赐“谟明弼谐”匾额

未合祔。十余年来，臣长子、臣妻、臣媳相继沦丧，臣孙幼小，未能襄事。臣以草霜风烛之龄，前期不能自料。诚恐臣身已极于宠耀，而泉下未逮乎哀荣。乌犊私情难免凄恻。”特请求休致，“而稍尽骨肉之恩”。康熙帝览奏后说：“卿才品优长，文学素裕，宽宏休容，得大臣之体。自简任机务以来，恪共清慎，益著勤劳。今虽以老疾乞休，朕眷注方殷，何忍允其所请？”特“暂给假二年，事完即来京办事，以副朕笃念老臣至意”。八月，李光地赴热河辞陛，康熙帝赐宴于内苑深处，赐“谟明弼谐”匾，“用以寿卿”。又赋诗送行，以壮行色，诗中有“协恭惟得老成儒，味道经书翊庙谟”之句。康熙帝又推恩，追赐李光地六世祖森匾字“急功尚义”；父兆庆联句“一念怀明主，终身思旧

康熙帝御赐李光坡诗碑记

恩”；又另赐李光地叔父、原任永州总兵李日煋匾“方重淳深”；赐李光地之弟、岁贡生李光坡联句“道通月窟天根里，人在清泉白石间”。

李光地返乡不到一年，从康熙五十五年（1716年）三月开始，康熙帝便一再密令还朝，并明令督抚促还。次年二月，李光地还朝，七月赴热河朝见，恳求休致，康熙帝“命且入直办事，俟回銮更议之”。李光地休致之请未准，更是奉命审阅大学士王掞等所纂《春秋传说》及翰林院检讨张照等所辑《篆字经文》等书，时年76岁。此事引起不少非议，以为李光地贪图禄位。康熙五十七年正月，内阁议上孝惠章皇后尊谥疏中未写章皇后字样，部议李光地等大学士“甚属错误”，应各降三级。康熙帝予以宽免。二月，参加建储会议，廷议三次。

据《文贞公年谱》记载："时国储未预，上孝感婴疾，章奏倚阁，百僚惶震。公坚卓凝定，独持正论，不为浮说所摇。每入班列，无遽言，无厉色，謇不至激，和不至随，恳恳独挚，以求建国是，朝野胥倚重焉。方廷议时，有挟觊幸之私，倡为邪异，以挠佥谋者。公卿相顾，莫敢扼其吭，公侃侃与辩。既三日，议不合，公即缮折别奏，异议者方屈。前后如是者三。"康熙帝听说后，赞叹道："大臣中每事为我家计万世者，独此一老臣耳。"不久，阁臣有以折请建储，词不达意，被议褫职者。诸阁臣入请，康熙帝对李光地说："请立国本，大臣分也。卿比年口奏屡矣，此何罪？"命置之。众臣才知李光地之造膝非一，且深服其缜密。

此时，百病缠身的李光地生命已进入倒计时。他临终前还忙于著述，"改定《洪范》讫，怃然曰：'吾年二十三始注洪范，今又诠此，大体犹是，但觉意融理洽，不必多著注释耳。'"过了一会儿，疝疾大作。翌日，即康熙五十七年（1718年）五月二十八日，李光地溘然长逝，享年77岁。

六月十二日，正在热河行宫的康熙帝惊闻李光地噩耗，深为"悯悼"。他清楚群臣对李光地的不满情绪，特向大学士等说："李光地屡经求退，其奏折已呈览数次。因大学士王掞患病告假，故暂止其奏，俟王掞到阁时，令其具本奏请，并非李光地贪恋官职，而借以为名也。前折衷心毕露，甚是详明。"遂将李光地以前请求退职奏折及遗疏一并发下，以消除群臣的误解。康熙帝派遣皇五子允祺、内大臣公马尔赛等往奠茶酒，赐银一千

李光地墓全景

贤良祠全貌

雍正帝赐李光地《谕祭文》碑

两，又命工部尚书徐元梦等护其丧归。康熙帝又谕部臣等说：“李光地久任讲幄，简任纶扉，谨慎清勤，始终如一。且学问渊博，研究经籍，讲求象数，虚心请益，知之最真无有如朕者，知朕亦无有过于光地者。倚任方殷，忽闻患病溘逝，朕心深为轸恻。所有应得恤典，该部察例具奏。”赐祭葬如典礼，谥曰“文贞”。

康熙五十七年（1718年）闰八月，李光地灵柩发运南归，康熙五十九年夏四月，葬于安溪兴二里之百叶林。临葬时，朝廷遣臣宣读康熙帝谕祭文，高度评价彼此君臣关系“盖惟朕知尔最悉，亦惟尔知朕最深”。康熙帝又御书赐李光地“文贞”谥号的碑文，称赞李光地“专勤好学，博洽多闻，遍窥秘府之珍函，详究遗经之奥旨”，“每共研寻终始，辨析精微，尝累日而未休，恒他人所莫解。君臣之契，特有深焉”。雍正元年（1723年）赠太子太傅；雍正十一年入祀贤良祠，赐祭一坛。雍正帝追恤祭文赞李光地“学问优长，持身端恪”，“流芳竹帛，卓然一代之完人”。

風志澄清
康熙四十年四月
夾輔高風
讀易見天心

第九章

大百科全书式的学术思想

李光地不仅是清初著名的政治家，也是卓有成就的学者和思想家，他倡导“存实心，明实理，行实事”的学术主张，在理学、易学、政治学、科学和宗教学等方面均有独到的见解，可以说是那个时代百科全书式的学者。

李光地从小勤学，至老益笃。“经传以外，凡诸子百家，下及星日、命卜之流，莫不旁涉会通。尝问音学于顾炎武，问历算于梅文鼎，皆尽其要”，“学博而精，以朱子为依归”，是清初著名的理学名臣。同时代的学者尊称其为“安溪先生”，或“安溪李相国”。

李光地生平勤于笔耕，著述丰富，共43种。清道光年间编《榕村全集》时，5种散失，现存38种，计175卷。除主编《性理精义》《朱子大全》等书外，主要有《周易通论》4卷、《周易观象》12卷、《诗所》8卷、《大学古本说》1卷、《中庸章段》1卷、《中庸余论》1卷、《读论语札记》2卷、《读孟子杂记》2卷、《古乐经传》5卷、《阴符经注》1卷、《参同契章句》1卷、《注解正蒙》2卷、《朱子礼纂》5卷、《榕村语录》30卷、

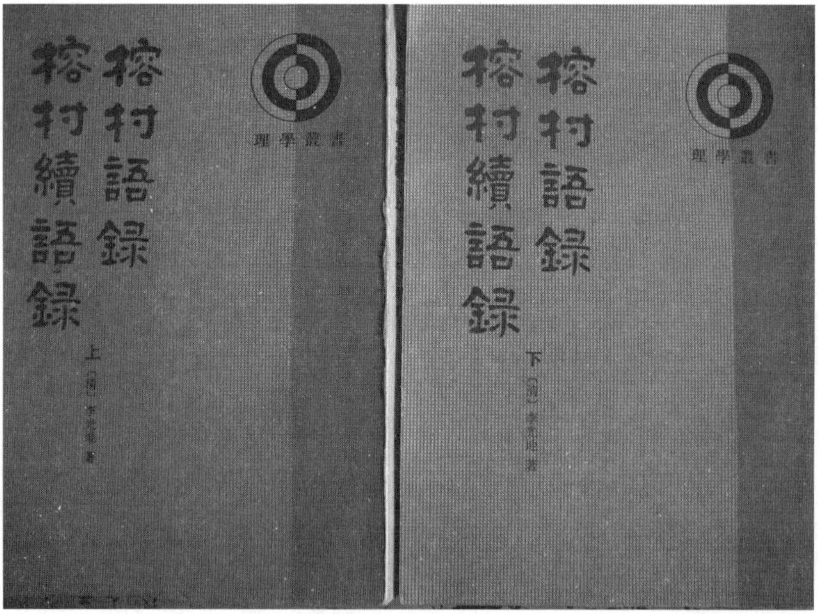

榕村语录及榕村续语录

《榕村文集》40卷、《榕村别集》5卷等，还有《周易折中》《周易观象大旨》《尚书七篇》《春秋稿》《孝经说》《洪范说三种》《四书解义》《解义三种》《榕村韵书》《榕村讲授》《讲授劄记》《二程遗书》《语类四纂》《礼记改定篇目》等。

经世致用学术观

在学术指导思想上，李光地提出“灭空疏之学，倡经世致用”的学术主张，竭力主张学者要务实。他说：“吾学大纲有三，一曰存实心，二曰明实理，三曰行实事。”认为“知”和“行”紧密结合，缺一不可，“读书何须多，要在力行。果能行圣贤一二语，便足矣”，“学之切于治道如此，为学与治道为一，帝王之学与儒生之学为一，皆是穷性命之原。研精微之归；究‘六经’之旨，周当世之务”。他认为治学内容应当广泛，强调“学者所当学者不止六艺，如天文、地理、形胜、农桑、医药、河渠、兵法、政事、算学，皆切实用当学”，这样才不至于脱离实际。李光地还建议读书人不宜局限于个人的小圈子，而应该融入广阔的社会，多读“无字书”，读万卷书，行万里路，收获将会更大。他说：“出门之功甚大，闭户用功，何尝不好？到底出门闻见广。使某不见顾宁人、梅定九，如何得知音韵、历算之详？”

李光地一生提倡实学，自己也身体力行地研究实学。他研究天文和历算，主张会通中西天文历算之学；他从圣人经典中发现

《考工记》，十分重视“工”在社会经济发展中的作用，主张引进西方技术发明；他研究水利，在指导治河方面发挥重要作用；他研究军事，注释古代军事著作《阴符经》等；他研究政治，总结历代治国经验，以指导当代的政治实践。此外，他还研究声韵、乐律等等，可以说是那个时代百科全书式的学者。

李光地肯定孔子对古礼“多闻阙疑”的态度，强调“读书最怕是无疑。道理本平常，看去不过如此，其实进一步又一层”。孔孟之道、程朱理学是中国封建社会的指导思想，李光地对此却不盲从。他一方面致力于维护孔孟之道作为封建正统意识形态的权威地位，视“四书”“五经”如饥食渴饮、祖宗父母一般；另一方面，他又认为不应该拘泥于圣贤之语，而应该“言孔孟所未言，而默契孔孟所欲言之意，行孔孟所未行，而吻合孔孟必为之事”。清代的《国朝文录》说：“文贞之学，本之朱子，而能心知其意，极推透以畅其旨，不阿附以盖其失。”也就是说，李光地读书不是食古不化。

在学贵有疑的基础上，李光地反对过于崇拜、神化圣人。在他看来，“圣人亦有所不知，只是他不知的就不说。如‘夏礼吾能言之，杞不足徵；殷礼吾能言之，宋不足徵’。他原晓得，因无徵便歇了”，“圣贤有似不近人情处。朱子断妓女，施以严刑，判使从良，其实罪不关妓女也。人至今以为口实，朱子彼时宁过于严”。在李光地的这些评论中，圣人的一些言行或许还不如普通人，但圣人的优点在于能够“一日三省吾身”，“兢兢业业，自强不息”。

以性为本理学观

李光地是清初复兴理学的代表人物之一。康熙帝继承先帝入主中原后尊儒重道的精神，大力彰扬孔孟、程朱之学，“日潜心六艺之文、河图象数之学，下逮濂洛关闽书，旁及历算、声音之道，反复研索，由源达流”，最终将朱子学确立为清王朝统治的指导思想。李光地迎合清廷敦尚正学的文化政策，思想文化上深得康熙帝的赏识与倚重，“御纂《朱子全书》及《周易折中》《性理精义》诸书，皆命光地校理，日召入便殿，研求探讨”，“所奏进文字，发舒心得，圣祖未尝不称善”。

李光地的学术实践，旨在阐释儒学义理，尤能提倡谨实学风。在理学研究中，他宗本程朱理学，兼采陆王之长，详评各家思想得失，而不拘于门户之见。在经学研究中，他长于乐律、历算、音韵之学，注重折中融会各家之说，所识多有创新。《四库全书总目提要》曾评其曰：“光地之学，源于朱子，而能心知其意，得所变通，故不拘拘于门户之见。其诂经兼取汉唐之说，其讲学亦酌采陆王之义，而于其是非得失，毫厘千里之分，则辨之甚明，往往一语而决疑似。”

李光地折中会通朱陆之学的理学思想，体现了他对儒学发展历史的认识。他认为，朱子之学，祖述孔孟之道，近绍周程之旨，重彰六经之义，力黜百氏邪说，承接了尧舜禹汤文武周公孔孟的道统，丰富了儒家学说的思想理论，于诸家学说之中最为无弊。因此，尊崇朱子之学，不仅能够彰显儒学的义理旨要，

而且有利于救治人心道德的衰微。他指出，康熙帝倡导孔孟程朱之学，是“皇上承天之命，任斯道之统”，“复启尧舜之运”，“而道与治之统复合”。同时认为，陆九渊之学亦是吾儒之学，其学术宗旨与朱子之学亦多相同。朱陆二人之学，皆有功于圣贤之学的彰扬和学术风气的端正；朱子章句践规矩，“矻矻著述，以终其身，殆有所不得已也”，其旨在于昌明孔孟之学，以救学者之失，故“自朱子而后，几四百年之间，守其学者，崇正经，敦实履，循循乎其不畔”。而陆氏之学虽“不如朱子之粹然平中，有以极其规矩准绳于无憾也”，但他“见世之支离沉溺，而不能以自振，故刊落摆脱，直接乎孟氏之传”，亦有利于学者为学。

李光地的理气论，基本上承袭了朱熹的观点。他认为，气是构成事物的物质形态和事物变化发展的外在形式，理是构成事物的本质属性和事物变化发展的内在规律。他说：“气也者何也？阴阳、动静、明晦、出入、浮沉、升降、清浊、融结，盈乎天地之间，而淆以降命……浮沉、升降、清浊、融结，振古而然也，至于今不异也。不异之为常，有常之为当然，当然之为自然，自然之为其所以然。是故皋陶谓之天，伊尹谓之命，刘子谓之天地之中，孔子谓之道、谓之太极，程子朱子谓之理。”理气二者的相互统一决定了事物的外在形式和内在属性，理就是气的振古不异的发展变化的客观规律。在理气关系上，理为上，气为下，理决定了事物的内在属性；在宇宙本原上，理为先，气为后，先有理而后有气。

针对程朱理学主张“以理为本”，而陆王主张“以心为本”，李光地认为两派各有短长，可以互补，提出“以性为本”

的论点，兼采程朱陆王之优长。他认为，仁人其心与性相合为一，不仁之人则是其心与性相离为二。人的心性是否相合，皆因于其所禀之气。他说："夫性无不善，而及夫心焉，则过也，不及也，杂糅不齐，于是乎善恶生焉。"他认为，人所具有的天命之性皆是善的，由于其所禀之气不同，导致心与性相合不一，故形成了人的善恶差异。只有禀赋中气，才是心性合一，体现出性之善、理之全；但"气之偏者，亦理也，而非理之全也"，"心之偏者，亦性也，而非性之正也"。李光地认为，虽然人所禀赋的气多有不同，但只要能够修身养性，变化气质，就能复初其本来具有的性善理全。

如何变化气质，成就善性？李光地在吸取陆王的知本诚意的观点上，融通了程朱的居敬穷理之说，提出了为学识道、修身养性的践履方法。他认为，为学工夫的顺序应以立志、持敬、致知、躬行为准，然四者亦须相须并进，而不可偏重其一，这不仅符合孔孟之说，亦相通于《大学》《中庸》之义。他指出，王阳明认为"《大学》只是诚意，诚意之至，便是至善；《中庸》只是诚身，诚身之至，便是至诚"的观点，解释了儒学为学工夫的本末。诚意就是立志知本，它不仅能够内以成己以明性善，而且能够外以成物以治天下。诚意知本兼统知行，知行工夫亦合诚意知本。

论道经邦易学观

李光地"平生好易"，"年十八时，手纂《性理》一部；

十九时，手纂《四书》一部；二十时，手纂《周易》一部”，由此奠定了终身易学的基础。其主要易著有《周易通论》《周易观象》《象数拾遗》《御纂周易折中》等。作为受到康熙帝尊重和信任的理学名臣，李光地是“官方正统的易学家”，论易尤重在阐述《周易》的应用，尽力使易学服务于官方政治。以易学致用，以性理说易，是李光地易学的一大特色。李光地易学主要来源于程朱易学。《御纂周易折中》，以朱熹《周易本义》为本，兼采诸家之说，融象数与义理两派之观点，是清代官方易学的代表。其主要针对明永乐年间编纂的《易经大全》之弊端，强调“折中”两字，即折其两端（“过”与“不及”）而取其中，乃“求正取准”之义。“折中于朱子”是该书确立的指导思想与采

李光地读书处——成云洞书院

择注释标准。王夫之说过："以乾自强，以坤治人，而内圣外王之道备矣。"李光地"以易致用"的关键就是从《周易》中引申出以民为本治国论和个人道德修养论。

李光地从《周易》阐发出的政治思想，首先强调疏通君民上下之情。他从"天地交则泰"引申出"上下交则治"的道理，反对"君与臣民之情阔绝"的独夫政治，而主张"君之心周乎人民之内"的开明政治。在李光地看来，上古三代的帝王是善于体察下情的，如"尧之舍从人、舜之好问好察"等等，所以那时能够达到天下大治，而周朝之所以衰落，就在于晚周的统治者不体察下情，只听周围小人的谗言而疏远贤人。甚至认为，正如天地不通就会万物凋零一样，上下之情不通则会导致亡国丧邦。李光地在解释"损"卦和"益"卦的过程中，又进一步发挥关于君民上下关系的辩证思想，指出："必损下而后益上，则损者至矣，乌得益乎？弗损于下而益于上，然后谓之大益，而无咎可贞，且利有攸往也。"又说："损上益下者必贵，于自上而下下，言泽必下究也。"他认为统治者不应靠损害民众的利益来满足自己的利益，否则结果只能适得其反；反之，只有不损害民众的利益，才能给统治者带来"大益"，才能做到"利有攸往"。李光地甚至主张"损上而益下"，使民众得到好处，这样民众就会使"王道大光"，天下太平。

针对社会改革，李光地审时度势，用心思"治"，通过解释《易经》"革"卦，引申出一套关于要顺势改革的见解。他肯定改革的合理性："天地革而四时成，汤武革命，顺乎天而应乎人，革之时大矣哉！《易》之变莫大于革也。其余如'蛊'如

‘巽’，振饬更新而已，故独赞其时之大。”李光地根据卦象来解释“革”，就是“以下陵（凌）上则不相得而为革”，“革”是下位者起来反对上位者。但李光地强调，改革必须顺乎人心，必须把握适当时机，必须没有偏弊。他说：“改革之道甚大，不可以易而为，必迟之至于已日之久，乃去其故，则人心孚信，而可以得元亨矣。”对于改革既要积极，又要慎重，他既反对“固守其常”的保守态度，又反对妄动而往的急躁冒进，主张对于改革方案必须反复详审，以求实行起来能够见信于民。为此，在吏制改革方面，李光地主张选用德才兼备的地方官员，宜“久任牧守”，并且兼分管当地文教、兵戎等职责。其中，大官数量少一点，小官数量相对多一点。在土地改革方面，他反对恢复井田，厉行均田、限制土地兼并，让民有恒产，反对居官者占地霸市、与民争利。兵役改革方面，他建议“寓兵于农”，“兵无以养，追胥守望之事，使民兼之可也”。

《周易》是一本忧患之书。《系辞传》云：“《易》之兴也，其于中古乎？作《易》者，其有忧患乎？”李光地强调统治者必须有忧患意识，这种忧患意识应该是“忧患天下，不是只为一身”；应该是“吉凶与民同患”，而不是仅仅为自身患得患失。从忧患天下的立足点出发，李光地阐明了在胜利时不要骄傲的思想。他说，虞舜、夏禹有忧患意识，不因其武功而骄傲，所以能够“修德”；汉武帝、唐太宗可谓武功显赫，却担忧因外患的消除而产生贪图安逸的情绪，因而汉唐的国势能在相当长的时期内延续不衰；与此相反，“江左平而羊车肆”，当时隋军灭陈的军事统帅杨广在继承父位后，贪图安逸享乐，不久就导致隋朝灭亡；“朱梁灭而伶官盛”，后唐庄宗李存勖消灭朱温篡唐而建立的后梁政权，统一黄河流域以后，沉湎声色，仅一年就因发生兵变而丢掉皇位。李光地以此告诫人们，不仅祖宗之功不可恃，即使自己的功劳也不可恃，千万不可忘记满招损、谦受益、居安思危的道理。李光地还认为，整部《易经》，说到底就是叫人要具有忧患意识，在“既济”之后，仍要存以“未济”之心，保持谦虚谨慎、不骄不躁的作风。他说：“观乎《序卦》《杂卦》，皆以‘未济’终篇，非欲其终于‘未济’也。谓夫虽当已济之时，而常存未济之心，此则所谓惧以终始，易之道也。故六十四卦、三百八十四爻，而一言以蔽之，终日乾乾是也。”李光地的这些论述，对清初的政权稳定和社会治理产生了重要影响。

民本主义政治观

李光地的政治思想继承了中国古代民本主义思想的传统，受明清之际早期启蒙思想的影响，又打上了那个时代先进社会思潮的印记。他在《治道》中，开宗明义指出：“天生民而立之君，若不为民立，君何为？孟子一言道尽，曰：‘得乎丘民而为天子。’窥见此意，觉得汤武之应天顺人，方有把鼻。”在李光地看来，商汤领导民众起来推翻暴君夏桀的统治，周武王领导民众起来推翻暴君殷纣的统治，是合情合理的。因为天为民立君，是为了百姓，而不是为君主一家子孙享受富贵，既然君主对百姓实行暴政，那就是自绝于天，百姓起来推翻暴君，也就“应天顺人”。从肯定民众推翻暴君的合理性，李光地进而推导出反对

“一人横行于天下”的专制暴政的进步思想。李光地认为，“治天下样样皆当讲求，第一是要有根本”。这一根本就是君主要有自知之明和自我批评精神，如商汤所言：“朕躬有罪，无以万方；万方有罪，罪在朕躬。”又如周武王以“一人横行于天下”为耻，这些上古遗风具有反对专制暴政的历史意义。

由反对专制暴政，李光地强调要重视民心，“立国以民为邦本”，“一日为民牧须尽一日为民牧之心”，“当官为救民，非为其君”。从民本主义思想出发，李光地反对“民可使由之，不可使知之”的愚民政策。他说，《论语》中记载孔子所说“民可使由之，不可使知之”这句话是断章取义，“民可使由之”的“民”，乃是指智力特别低的人，“且教他‘由’，由得熟自然也知道些，非不许他知”，而是说智力低下不能知。从民本主义思想出发，李光地主张“与民休息”，这样才能使“民气日复”，具体地说，就是要减轻民众的负担，勿扰民、劳民、病民等。

时每逢皇亲国戚出巡，均大张旗鼓，百姓苦不堪言。康熙三十八年（1699年），康熙帝南巡，李光地建议“畿甸翠华时幸，一切供亿臣皆过从减损，以纾民力”，得到康熙帝的肯定，“命随从有敢罔法扰民者，先按治后以闻”。李光地本人也以身作则，每有出行车马省约，禁诫严明。李光地担任直隶巡抚期间，注重实效，以免劳民伤财，永定河竣工后，请求放免永定河效力人员，免开永定河捐纳事例；广平县当漳河之冲，水灾频繁，他经实地勘查后，认为“广平一带土松沙深，而漳性迁徙无定，开河则旋淤，筑堤则旋塌，询之士民，咸称不可筑堤”，于是向康熙帝上《覆广平县不可筑堤疏》，并建议免除当地钱粮："目前被水，耕种维艰，唯有希恩于被水之岁，免其田粮，既涸则劝垦起科，若明年水势未消，则再免一年。"鉴于百姓赋税沉重，李光地向康熙帝提出"蠲免之岁概停旧逋之征"的建议，"上视民如伤……概停旧逋之征，则民终岁休息，实沾鸿仁矣"。此外，他还提出轮免天下钱粮活动。康熙帝接受李光地的建议，从康熙五十年（1711年）起，三年内全国各省轮流免征钱粮。

明清之际，中国已经出现近代商品经济的萌芽。李光地认为，从自给自足的自然经济发展到商品经济是一种社会发展的必然。他说："古者安于邦城，人鲜轻赍远游之事，故务谷米麻丝而民自足。今也仕宦商旅万里纷然，金币之重亦势也。"为了给经济发展提供一个良好的政治环境，李光地反对官僚以权经商，与民争利，更反对将"金币之重"引入政治生活，认为如果为官者与民争利，"居官者不能率之务本而遏其分，且与之攘夺而崇其竞，是胥上下而市也"，这样只会助长吏治腐败。对于那些无地可耕的农民，他主张"民无以耕，山泽关市之利与民共之可也"，认为国家应允许他们开发山泽的财富和做买卖。

李光地明确反对海禁。清初统一台湾后，东南沿海的对外贸易十分发达，而地方官吏却借口海盗横行而主张实行海禁。李光地对此批驳道："不知如今海贼，不比当年郑成功等有巢穴。傍海如舟山、海坛、南澳、厦门、台湾诸岛，皆是官兵驻扎，海贼无驻足处。其行劫，不过如陆地之贼，偶然盗窃耳。陆地之贼何尝断，何独异于水贼？"如果有海盗就不让百姓下海，也就正

如同陆地上有盗贼而不让百姓走路一样可笑。此外，“闽广小民，以捕鱼为生，一行禁止，民便失业”，加之“当年迁海、禁海，使百万无辜室庐田产，荡然无存，饥寒流离而死者，不可胜数”。如果实行海禁，只会加重民众的困苦。同时，李光地还指出：“目下法禁，何尝不具，而不肯奉法者，官也，非民也。”

李光地将对待百姓、社稷和君主的态度分为三种思想境界：天民境界、安社稷臣境界和事君人者境界。李光地最推崇“天民”境界，因为这是真心实意为百姓谋福利；其次是“安社稷臣”境界，安社稷臣虽也恩泽于民，但其动机是为了维护君主的统治；而“事君人者”其主观动机不过是为了取悦皇帝而已，因而其思想境界最为低下。在李光地看来，“圣人老吾老，幼吾幼，以及人之老幼，一毫无所勉强。但至要做实事，便到底是他的老幼……”只有为老百姓做实事，把圣人推崇的“大同”世界的理想落实到具体行动上，才称得上圣人，称得上“天民”的境界。此外，李光地还提出了许多当时颇富新意的政治主张，如扩大地方自主权、改革兵役制度、完善科举制度和高薪养廉等等。

李光地民本主义思想虽然与现代民主思想不可同日而语，但在传统社会却具有其历史合理性。

中体西用科技观

欧洲文艺复兴运动后，近代科学技术蓬勃发展。16—17世纪，西方传教士“借学术以传教”，纷纷来到中国，带来了大量的自然科学、哲学和宗教等西方文化，对我国传统文化产生极大的冲击，形成了中西文化的激烈碰撞。面对蜂拥而来的西方文化，当时思想文化界各种态度可谓应有尽有，全盘西化者有之，盲目排外者有之，放任自流者有之，“中体西用”者有之。李光地抛弃了儒家和道家把技术发明看作是“奇技淫巧”的错误观点，指出：“西洋人不可谓之奇技淫巧，盖皆有用之物，如仪器、佩觿、自鸣钟之类”，“工之利用极大”，“中庸说‘九经’，必言‘来百工’。”李光地是清初时期不多的“中体西用”论者，他大胆接受西学，敢于取他人之长补己之短，广泛吸收西方天文、历法和数学等方面的优秀成果，并将其与中国天文历算之学加以融会贯通，“会其全而折其中”。

在天文历算方面，李光地劝说康熙帝重视西方天文历算之学，发现、扶植了清初杰出的天文学家和数学家梅文鼎，梅文鼎的《历学疑问》就是在李光地的建议下编纂完成，并由李光地作序、帮忙刊刻行世的简要历法之书，是“西学中源”思想的集中体现。梅文鼎因此名声大振，受到康熙帝的优待。由于康熙帝的重视和李光地的大力提倡，清廷培养了大批天文学和数学人才，有力地推动了全国的天文历算之学的研究。《历象本要》是李光地集多年心血而编纂的重要历算著作。李光地反复考释，尽采“西人历算比中国细密”之长，故所著“皆欧罗巴之学，其言均轮次轮之理，黄赤同升日食三差诸解，旁引曲喻，推阐无遗。并图五纬视行之轨迹，尤多前人所未发”。该书详细介绍了当时西方天文学“天地皆圆说”及宇宙结构等相关知识，并与我国传统的天文学知识进行比较，在整理研究前人成就的基础上有许多独到之处，“非大覃思，究极精奥，孰能与于斯乎？夫乃知大儒

之学，无所不通，盖天地灵秀之所钟，非常人所能企及也”。李光地认为“新历言地之体圆，斯得其实”的同时，还把地圆说看作是中国传统天文学知识中早就有的东西。他说：“言浑天者，谓天包地，如卵裹黄，然则卵圆而黄亦圆矣。”李光地认为浑天说包含有地圆说，作为盖天说代表作的《周髀算经》也有地圆思想。同时，他还为中国传统的“天圆地方”说作了辩解。他说：“古称天圆地方者，语乎其动静之性尔。故曾子曰‘天道曰圆，地道曰方’。如地之果方，则是四角之不掩也。”认为“天圆地方”不是就天地的形状而言，而是指“天道”之“动”、“地道”之“静”；人们看到地平是视力的局限，只是就人的视力范围而言之。

在数学方面，李光地认为数学是学习研究其他学科的基础，如果不能“为方圆、勾曲、乘除之算”，那么要学习其他科学就很困难。他十分推崇徐光启与利玛窦合作翻译的《几何原本》，认为其“以点线面体，为万数之宗”，“盖点引而成线，线联而成面，面积而成体。自此而物之多寡、长短方圆、广狭大小、厚薄、轻重，悉无遁形。自此而物之比例参求，变化附会，悉无遁理”。李光地将中国古代勾股算法与《几何原本》中三角学原理进行比较，指出我国古代的勾股算法只是从直角三角形的已知两边而求其弦，其数起于边不起于角。而《几何原本》则通过分周天为360度，而角度对之，故量角之度，以为起数之根，且有关于正矢、余矢、正弦、余弦、正割、余割的系统学说，八线相求，互为正余，举一可以反三，穷三可以知一。因此，《几何原本》的“立法加妙，用之加广，则非古人之所及也”。李光地指出："欲通新法者，必于几何求其原，以三角定其度，较之以八线，算之以三率，则大而测量天地，小而度物计数，无所求而不得矣。" 这一论述，把几何学与天文学和其他科学的关系，说得十分透彻。

在李光地看来，肯定西方自然科学成就和优长之处，不等于妄自菲薄、轻视中国古代的科学成就，而应该将中西天文历算之学加以融会贯通。"西人历算比中国自觉细密，但不知天人相通之理"，李光地以"天人合一"的传统思维方式，试图将西方自然科学的原理融入中国传统的义理之学。

李光地"中体西用"的科技观，一定程度上促进了学习西方科技的进程，对当时中国科技的发展起到了重要作用。

兼容并包宗教观

李光地一反传统儒、释、道"三教同源"而"工夫不同"的说法，认为三教"源头不同而工夫却同"，而"明性"是造成"源头不同"的根本原因，也是区别儒、释、道三家的关键。

在李光地看来，"性"是万古不变的，它是事物的本质属性，是事物之所以成为其事物的根源。因此，"性"是最高的存在，是万事万物的本质中概括出来的最高的哲学范畴。李光地认为，佛教崇尚虚无与悲苦，而儒家以积极入世为要务。围绕"性"的问题，儒、佛的区别在于，在佛教看来，"性"犹如明镜；在儒家看来，"性"犹如种子。而"明镜"和"种子"有实质性的分歧。"佛家说：'心性之体，如明镜一般，物来必现，

随物见形。'然镜内空空的，一无所有，冷冰冰全无生意。唯程子'心如谷种'一喻，极妙。"这是两种截然不同的人生观：因为崇尚虚无，所以佛教"冷冰冰全无生意"；儒家则因为积极入世，所以饱满充实。从"明镜"与"种子"的区别也可看出儒、佛的根基。"佛氏不随世法，是无君；父母反拜，是无父"，因为崇尚虚无，一切皆空，佛教也就远离世俗之外，缺乏根基。而儒家与佛教明显不同，"凡吾儒之所宜有事者，他都以为大戒。如人从父母而生，故笃爱之……孔孟却说世上岂有无根之人，即从根上爱起"。这也是儒家与其他宗教最大的区别。儒家与佛教的区别还表现在对待生活的态度上。"诸行无常"，"一切皆苦"，面对纷纷扰扰的红尘世界，佛家采取逃避的方式寻求自我

康熙二十二年，李光地返乡重建泰山岩寺

解脱，把“涅槃寂静”作为解脱的最高追求；而儒家不同，儒家崇尚积极进取，追求“生生不息”“以仁为主”，把救世当成第一要务。

李光地对道教修持其“道”便可万古长存的理论颇有微词。在他看来，道教所宣称的“长生不老”“阴阳杂术”不过是哄骗他人、哗众取宠的小把戏，不仅不灵验，也没有现实意义，“即有验者，亦是说得多了，偶然撞着耳”。李光地以传说中几位道行高超的术士为例：“吾辈闻有人呼风唤雨，却不生景仰心，闻得忠臣孝子，可师可法，便心悦诚服。即此便见得天地之心，亦是如此。左慈、周颠仙、冷谦，杀亦杀他不死，岳武穆被秦桧一杀便死。然今却不羡慕左慈、周颠仙、冷谦，而景仰武穆……可知此种毫无所用。就是画一道符，诵几句咒，拘得鬼来，亦只是未散呆魂。”因此，道教同佛教一样，也是虚幻的，是无济于现实生活的。而儒家不同，样样落在实处，“唯圣人之教，一以人事为主，你学字会写字，学文章会做文章，如人吃饭会饱，不吃会饿一般，何等切实”。围绕“明性”的问题，儒、道的分歧还表现在对“仁”的态度。儒家讲善性，以仁、义、礼、智、信为性，这些善性是人与生俱来的，而“仁”为“五常”之首，所以，儒家是“将仁放在头上”；而“道家以心之灵明、元神谓之性，身之元精、元气不死者谓之命，‘修性’‘修命’是两样工夫，两者俱进，是性命双修”，最后却“将仁放在尾上”，在儒家看来，这就本末倒置了。

李光地认为，儒、释、道源头有异，工夫却同。儒家与佛教

相互包容。儒家教人“主敬存养”，“从收放心做起”，这跟和尚参禅是一个道理，“和尚家参禅，亦是要心归一，故意说一句极没理的话，要你在这上寻求”。此外，佛教还有许多修炼方法与儒家有相近或相同之处，只是表述不同而已，如“释氏之‘发大愿力’，即吾儒之‘立志’也；‘要常惺惺’，是吾儒之‘主敬’也；‘遍参历扣’，是吾之‘致知’也；‘戒律精严’，是吾儒之‘力行’也”。

儒家与道家相互包容。道家的修炼过程有黑、白、黄、红四个阶段，李光地认为，儒家的修养工夫与道家的四个阶段相同：“大约先黑，方白，方黄，而终于红，是谓之丹……吾儒工夫亦然。以中庸言之，‘戒惧’，黑也；‘慎独’，白也；‘致中和’，黄也；至‘天地位，万物育’，红也。”他还认为，《参同契》讲述的道理就是人身如同天地一样也有阴阳，而且阴阳对应着人的魂魄。

鉴于儒、释、道学说有相通之处，李光地积极吸取佛家的修行方式来弥补儒家的不足，积极吸收道家的思想资料来发挥儒家的心性学说。他认为“佛以心法观天地，老谓开口气便泄，皆吾儒所当资取者”，“（参同）妙在与吾儒说工夫处，都是一样，即佛家亦是如此”，自己就是“因参同契悟得易经道理”。

当然，通过对儒、释、道的比较，李光地最推崇的还是儒家。他认为儒家思想博大精深，包含佛教、道教的精华，又弥补佛、道二教思想的不足。“佛氏善言心，老氏善言气，都说得精。吾儒言性，他那两件便都包在里面”。为此，李光地把儒家先贤抬到很高的地位："所谓大圣者，必孔子也；若大贤，则颜子；大儒，则程朱也。"就这样，李光地将偏离官方意识形态的思想向有利的方向引导，这既是一种高超的统治艺术，又体现了他作为思想家兼容并包的胸怀。

風志澄清
講易見天心
誦詩聞國

第十章

千秋功过

作为一位著名的历史人物，李光地无论生前还是身后，都遭受不少非议，其中，历史学家全祖望所谓的“三案”是李光地饱受争议的根源。厘清历史事实，还原历史真相，李光地无愧于“一代名相”和“理学名臣”的称谓。

剖三案还原真相

全祖望（1705—1755），字绍衣，号谢山，浙江鄞县（今宁波鄞州）人，清代浙东学派的重要代表人物，著名史学家、文学家。乾隆元年（1736年）进士，翰林院庶吉士，因不附权贵，于次年辞官归里，不复出任，致力于学术。其著作颇丰，撰有《鲒埼亭集》38卷、《外编》50卷、《诗集》10卷，还有《汉书地理志稽疑》《古今通史年表》《经书问答》《句馀土音》等。

全祖望是史学界所谓李光地“三案”的始作俑者，他在《答诸生问榕村学术帖子》中劈头写道：“榕村在圣祖、世宗《实录》中，应有传，外间未之得见。然《实录》亦不甚详于学术也。榕村之学术，即其相业可以想见，倘谓其能推崇朱子，足接坠绪，则梼昧无知之言也已。”接着又说：“榕村大节，为当时所共指，万无可逃者，其初年则卖友，中年则夺情，暮年则居然以外妇之子来归，足称三案。大儒固如是乎？”“虽然，此犹以其躬行言之，即以其经术论，唯律吕历算音韵颇称有得，其余亦不足道……晚而取欧罗巴国之技术自夸绝学，以为是月窟天根之秘也。石斋恐不免嘻其笑矣。近日耳食之徒震于其门墙之盛，争依附其学统，殊为可悲，愚故不禁其哓哓焉。”

全祖望这篇文章名为论“榕村学术”，实则从学术到人品对李光地进行批判，字里行间充满嘲讽，其核心是“三案”，这也是三百年来屡为史家援引为定论的根源，颇具杀伤力。

李光地所谓“三案”，粗粗一看，言之凿凿，似乎铁证如山。其实，揆诸历史事实，似是而非，与真相相去甚远。

“初年卖友”案。

“三案”中，李光地一生最受人诟病的，就是与蜡丸疏事件相关的“卖友案”。这里的“友”指的是陈梦雷，“卖友”意指李光地靠出卖朋友陈梦雷而擢升。对此，《清史稿》记载如下：“精忠乱作，光地使日煌潜诣梦雷探消息，得虚实，约并具疏密陈破贼状，光地独上之，由是大受宠眷。及精忠败，梦雷以附逆逮京师，下狱论斩。光地乃疏陈两次密约状，梦雷得减死戍奉天。”

陈梦雷（1650—1741），字则震，一字省斋，号天一道人，晚年又号松鹤老人，福建侯官（今福州）人。陈梦雷资质聪敏，少有才名，康熙九年（1670年）与李光地同榜进士，同选庶吉士，散馆后同授翰林院编修。康熙十二年，两人又同时告假回乡省亲。翌年三月，靖南王耿精忠在福州举兵反清，在福建遍罗名士，强授官职，胁迫士人同反。陈梦雷遁入僧寺，因老父被拘，不得已入耿幕，但仍托病拒受印札。当时，李光地也被迫来福州，迅即以“父疾”请假回家。据陈梦雷称，二人曾在福州密约：由陈梦雷从中“离散逆党，探听消息”；“借光地在外，从山路通信军前”，共请清兵入剿；并由陈梦雷主拟请兵疏稿。陈梦雷还表示，将设法关照李光地全家安全，并以“全家八口为保”。

康熙十四年（1675年）五月，颠沛流离中的李光地上《密陈机宜疏》（即蜡丸疏），遣家童夏泽出杉关奔赴京师。疏中首先表白心迹：“臣自二贼构乱以来，遁逃山谷中，贼遣人延致

至于再三，臣抵死固拒，幸到于今未污清节，以辱朝廷。”接着详细分析了耿精忠所盘踞的“疆宇偏小，粮税稀薄”的福建，现已“粮尽兵疲，而贼之势已穷矣”，建议朝廷“南来大兵诚宜以急攻为主，不可假以岁月，恐生他变”。李光地在疏中还指出当时敌人的动向是，“耿逆悉力于仙霞、杉关，郑贼并命于漳潮之界。唯汀州小路与赣州接壤，贼所置守御不过千百疲卒”，因此，“宜因贼防之疏，选精兵万人或五六千人，诈为入广之兵，由赣达汀，为程七八日耳。二贼闻急趋救，非月余不至，则我军入闽久矣”。这样，叛军则“不战自溃”。此疏对敌我形势分析及出兵布阵的建议很有见地，却只字未提与陈梦雷共谋之事，更未联名。后来李光地向陈梦雷的解释是“诚恐事泄俱毙无益”。康熙十五年九月，康亲王杰书自衢州克仙霞关，复建宁、延平，进逼福州，十月耿精忠请降。事后论功行赏，康亲王上疏称“光地矢志为国，颠沛不渝，宜予褒扬”，却只字不提陈梦雷，李光地因此“著于额外升为侍读学士”。后又以配合入闽清军歼灭郑经所部有功，于康熙十七年十一月再擢内阁学士兼礼部侍郎。

与此同时，陈梦雷则因耿乱平定后不及时赴京，先经革职，继之又遭诬告，以赦后复叛而下狱。康熙二十年（1681年）廷鞫以死刑论。陈梦雷入狱前后，曾多次要求李光地为自己作证辩诬。李光地于康熙十九年返京后，也曾为陈梦雷“代具一疏”，但对陈梦雷在福州“离散逆党，密图内应及同谋请兵之事，一语不及”。陈梦雷因此大恨李光地，还写了《告都城隍文》和《与厚庵绝交书》，责其“欺君负友”，言李光地当年上疏“挨延半载，始肯遣人，则尽易臣疏，削去臣名”。李光地断然拒绝陈梦雷的指责，向康熙帝奏云，陈梦雷所谓“臣上蜡丸书是他定的稿，实实无此事”。还指出，康熙十四年（1675年）五月，自己将上密本之时，曾派人持书到福州找陈梦雷，陈梦雷“一字不见答”，因此只得“与家叔谋之”，陈梦雷对自己的攻击，是受忌妒自己的大臣指使所致。

陈梦雷与李光地的这桩公案，在朝廷引起极大争议。刑部尚书徐乾学甚至代李光地起草一份疏稿，揭示陈梦雷在耿精忠叛乱时有功国家的表现，逼李光地上奏。李光地难以拒绝，遂具名上奏康熙帝，请求宽免陈梦雷。奏疏中说，陈梦雷曾“言敌势空虚，屡欲差人抵江浙军前迎请大兵，奈关口盘诘难往。因详语各路虚实，令归报臣。此密约两次，知其心实有可原者也”。由是陈梦雷得以免死而改流放。康熙二十一年（1682年）正月，陈梦雷被遣戍东北，“给与披甲新满洲为奴”。

李光地、陈梦雷同为福建老乡，又同学、同官，在耿精忠叛乱时期，因经历各异，最终结局天壤之别。李光地的擢升固然有理，陈梦雷的处置则显为不公。因之陈氏于此愤愤不平，迁怒于李光地，自然也是情理之中。正当陈梦雷深陷个人恩怨而不能自拔之际，同在翰林院供职的李、陈同榜徐乾学，因深忌李光地的升迁过速，恐掩己而上，于是插手其间，推波助澜，遂促成陈氏以李氏“卖友”而张扬于朝野的局面。是为李光地“卖友”案之由来。

中年夺情案。

所谓“中年夺情”案，是指李光地在母亲去世后，没有依据惯例返乡服丧尽孝，而是“贪恋官位”在京守制。著名清史专家

孟森在其《明清史讲义》中将全祖望这一说法视为定论。1991年出版的《清代全史》依然沿用这一说法，且以此认为李光地“为假道学的又一典型”。

康熙三十三年（1694年），李光地督顺天学政不久，其母病故。李光地闻讯即疏请回乡奔丧守制。康熙帝下谕旨称：“提督顺天学政关系紧要，李光地特行简用，著在任守制。”李光地见丁忧之请未准，试图做到忠孝两全，又乞假九月回乡治丧，拟十二月返任，以不误岁科两科两试。但是，御史沈恺曾、杨敬儒以李光地不遵守为父母回籍守制三年的古训，是以“觍颜充位”“潦草塞责”为由，“交章论劾”。康熙帝仍然命李光地遵行在任守制之前旨。给事中彭鹏又上疏指责李光地“忽以三年之通丧，请为九月之给假”，是“贪位忘亲”，“于礼则悖、于情则乖、于词则不顺”，并详细陈述李光地有“十不可留”，而要害问题是李光地的不孝，请求皇帝“重其罚”。彭鹏疏中说：“伏读上谕十六章，首曰敦孝悌以重人伦”，“不乞守制而请给假，非所以体上谕教敦孝意也。”这是“悖圣训而失本心”，“未闻不孝而能忠者也”。疏中又指出：“数日之内，长安道上无不指光地为贪位而忘亲、司文而丧行，大损其生平。”康熙帝览奏后大为震动，传旨询问彭鹏。彭鹏又上一疏，称曰：“皇上令光地在任守制，或以此试光地耳。光地深文厚貌，道仁道义，言忠言孝，一试诸此，而生平心术品行，若犀燃镜照而无遁形。”他揭露李光地请九个月假是“外以欺人则为丧心，内以欺己则为挟术”，“夫为人子而甘于丧心，为人臣而敢于挟术，两者均罪，光地必居一焉。以此赴任不可，以此回籍犹不可”。他认为李光地所谓道学的虚伪面孔已经“败露”，因此建议康熙：“察光地患得患失之情，破光地若去若就之局。不许赴任，不许回籍，春秋诛心，如臣所请。”康熙帝听了彭鹏的谗言，于是将彭鹏的前后两疏一并下九卿议论。五月初一，下旨：“李光地解任，不许回籍，在京守制。”

从事件的原委来看，所谓“夺情”，康熙帝是主要责任人。李光地对母亲的孝顺是有口皆碑的。据《清史稿》记载，康熙二十一年（1682年），李光地“乞假奉母归，二十五年，还京”；“逾年，以母病乞归省，二十七年，至京”。康熙五十二年（1713年），又“以病乞休”，康熙帝“温旨慰留”。越二年，李光地“复以为请，且言母丧未葬”，康熙帝“许给假二年，赐诗宠行，五十六年，还朝”。

李光地之子李钟伦得知其父因“乞假治丧”被弹劾后，写信告知安溪诸叔父，信中这样写道：“四月初一日，郭复彭无山（即彭鹏）参本，奉旨：‘李光地不准回籍，着解任在京守制。’彭前后共两疏。前疏着九卿会议，旨问彭鹏：‘尔与李光地同乡，意欲相为，适所以害之。我留他在任，自有深意，不然朕岂不晓得，三年之丧，古今通礼。我所以留李光地之意，恐一说便难以保全。九卿如要我说，我便说，不要我说，我便包容。彭鹏尔参其欲令其回籍，此正合着他的意思，尔此言岂不是奉承他？’于是彭第二本，乃有在京守制之语，中间穷极丑詈矣！……今旨已下，朝夕呜号，以暂泄哀情。”可见，李光地“贪位忘亲”，更多为廷臣相互倾轧、朋党之争所致，留李光地在京守制，实为康熙帝弭平廷臣党争的举措，自有其深意所在。

“外妇之子来归”案，是说李光地与一青楼女子有私情，后来该女子育有两个儿子，李光地却消失得无影无踪。女子变卖家产、携儿前往李光地家乡认亲，可他的族人却不相认。女子身无分文，一家三口通过乞讨又找到京城，李光地仍然拒不相认。这则传说经学者考证，认为“捕风捉影，并无充分依据”，乃为“市井浮说”，不值一提。

理学名臣焕光彩

研究清初政治、思想史，李光地是一个绕不开的人物，也是一个久存争议的人物。《清史稿》论曰，其为官“疑谤丛集”。清人亦谓：“其大节有亏，为当时所指。”其冒死相救的方苞，在其去世后，曾说：“康熙己亥（即五十八年）九月，余卧病塞上，有客来省，言及故相国李公，极诋之，余无言语，并侵余。”纵观史上对李光地的评价，呈现两个极端。其一来自清廷官方，康熙帝视之为股肱之臣，以至于说“知朕亦无过光地者”；他死后15年，雍正帝为之立碑，御制《谕祭文》，褒扬其“学问优长，持身端恪”，“流芳竹帛，卓然一代之完人”；《四库全书总目·卷九十四》则誉之为“儒林巨擘”。另一种截然相反，主要来自知识分子，如“不学无术”（张舜徽《清人文集别录·卷三》），“裨贩程、朱以自擢汉族者”（章太炎《与吴检斋论清代学术书》），“伪学者”（梁启超《中国近三百年学术史》），“尤工邪佞，鬻道于虏，炫宠弋荣”（刘师培《近儒学术统系论》）等等。而最著名的抨击，来自时代略晚于他的大学问家、梨洲后学全祖望，他在《答诸生问榕村学术帖子》中提出的“三案”说，是对李光地在学术界、思想界地位的全面否定。两者相距之大让人瞠目结舌，而“凡訾议其学问者，每多从讥斥其为人出发”，且此余风延续至今，当代著名历史学家谢国桢也贬其为“坏人两面派”（《〈全祖望集汇校集注〉序》）。其实，学问和人格之间没有必然的联系，何况众矢之的的李光地“三案”并不是简单的“人格”两字所能概括。尽管李光地一生饱受争议，但其持身端恪，严以律己，清廉一生，这是谁也无法否认的。

回过头再说全祖望所谓的“三案”。全祖望生活的浙东文化氛围，似乎与其他地方不大一样。在清军入主过程中，浙东地区的反抗延续时间最长。直到雍正七年（1729年），清军入关85年，浙东人还在策划反清。雍正帝对此深恶痛绝，怒斥其“风俗浇漓，人怀不逞”。全祖望的祖母张氏是明末抗清志士张煌言的女儿，全祖望自小就聆听许多明末抗清志士的事迹，由此激发了他的民族感情。他从小就仰慕黄宗羲、万斯同等人的学识，立志写一部晚明史。由于受清廷的猜忌和歧视，全祖望仕途无望，这更激发了他的民族情绪。而由于李光地力主收复台湾，使得明朝延平王统治下的最后一片土地被清军占领，也使得反清复明的希望彻底破灭。全祖望心中无法言说的愤怒只能借诋毁李光地的人格来宣泄。正如他在《答诸生问榕村学术帖子》中所说：“榕村在圣祖、世宗《实录》中，应有传，外间未之得见。然《实录》亦不甚详于学术也。榕村之学术，即其相业可以想见，倘谓其能推崇朱子，足接坠绪，则梼昧无知之言也已。”一句“外间未

之得见”，颇堪玩味，彼为“内”，我为“外”，在胜国之悲犹存的当时，这“内”“外”是指什么，识者自然心知肚明。紧接着，“《实录》亦不甚详于学术也”，更明确标指政治与学术的分野，言下之意，榕村官做得再高，政治上再受赏识，与学问无关。这就是清人所说的“大节”之所在。学界认为，李光地不但忠于清廷，官高爵显，而且做它的文化帮凶，为康熙利用朱子理学箍束国人思想出大力；又不但做文化帮凶，而且肆意诋毁前明志士，矮化前明精英。读一读全祖望帖子即知，愤懑实因李光地评黄道周而起。黄道周，号石斋，乃李光地的福建同乡，明末大臣，反清斗士，后被清军俘获，害于南京。《榕村续语录》卷八“历代”，用不短的篇幅谈及黄道周。全氏批之：“榕村又言：‘石斋虽遭大用，岂足靖天下之乱。’予谓石斋风节有余，干略诚然不足，但榕村承眷之久，所以补天下之治者几何？以是诮石斋，得无有目而不见其睫者乎？”这句话很厉害，几乎是骂李光地“睁眼瞎”。全祖望认为，对黄道周那样的忠国者、爱国者、死难者，讽他不足“靖天下之乱”，是非常不道德的。这种怨恨延续到晚清，李光地成章太炎笔下的“思不义以覆宗国”之大罪。

廷臣结党，明争暗斗，历代皆然。满洲贵族入主中原之初，亦将此晚明积习沿袭下来。经历顺治一朝，迄于康熙间，满汉诸臣暗自结党，分合不一，盘根错节。其间，不唯汉官相互倾轧，而且满官亦呈出蓝之势。由于清朝政权满官的特殊地位，汉官党派中人，无不趋炎附势，借以张大门墙，从而加剧了党争的尖锐复杂态势。徐乾学则是其间最为活跃者。康熙初，大学士明珠当国，权倾朝野。徐氏先是谄附明珠，以求自固。一俟羽翼丰满，则反目相轧，终致明珠失宠。在徐乾学积聚力量的过程中，李光地的迅速崛起，不啻一块巨大的绊脚之石。李光地的所谓“卖友”和“夺情”案，都是在这一背景之下出台的。

李光地一生嗜学，博通经史百家之学，穷究天文、地理、音律、历数，而毕生倡导理学，以“理学名臣”留名青史。在一些评论者看来，李光地虽为“理学名臣”，但他惯于揣摩皇上的心思，投其所好，“以道学逢君，上下皆伪，君臣皆伪”，是为“伪道学”。这种对李光地生平业绩缺乏具体分析和实事求是的评价，结论难免失之偏颇。毋庸讳言，清初统治者提倡理学，目的在于巩固封建秩序，加强专制统治，李光地作为朝廷重臣，其倡导尊朱崇儒，也是迎合统治阶级的政治需要。在当时历史条件下，康熙君臣重视理学，有其历史的必然，客观上也扭转了明末清初士大夫空疏之学的不良风气。李光地博学多识、倡导实务，强调“为学之道，贵在身体力行，见诸行事”，政绩卓著，深得康熙帝赞赏，无可厚非。

评论历史人物离不开他所处特定的历史环境。人无完人，今天评说古人的功过是非，主要应着眼于他在当时历史进程中所起的作用，即一个历史人物其业绩是否推动历史前进，是否顺应历史发展要求。李光地在朝为官近五十年，正是清初社会发展的转折时期，即由生产凋敝、国家尚未统一，逐步走向“康乾盛世”。这样一个承前启后的时代，是一个需要政治上的杰出人物并且造就政治上杰出人物的时代。康熙帝和李光地，都是这个时代所造就的杰出人物。作为一位政治家，李光地在平息“三藩之

乱”、统一台湾、治理水患、澄清吏治、蠲免税赋、奖掖学术、发展教育和选拔人才方面，对巩固统一的多民族国家，促进经济发展和文化繁荣，作出了重要贡献；作为一名思想家，李光地的经学成就、理学思想、民本主义的政治思想，在清初思想史上具有重要地位；他对西方科学文明的热心提倡，亦反映了17—18世纪中国社会发展的新动向。可以说，李光地一生，早年为结束国内战争而建功立业，中年治理畿辅名垂青史，晚年则致力于国家的长治久安，大节彰显，无可非议。一代创业功臣，这才是历史对他的公正评价。

随着时代的发展，秉着以辩证唯物主义评价历史人物的态度，20世纪末以来，学术界对李光地的评价渐趋客观。1992年5月，福建省社会科学界联合会和泉州市人民政府、安溪县人民政府联合举办纪念李光地诞辰三百五十周年学术研究研讨会，学者们从历史事实出发，通过对李光地诸方面业绩的考究，对李光地的历史作用与地位给予应有的评价。2016年5月，中纪委监察部官网以《中国传统中的家规——福建安溪李光地》专题，介绍李光地的家风、家规和家训故事，在全国各地引起广泛关注。2017年6月，安溪县人民政府与泉州经贸职业技术学院等单位又联合举办李光地文化节暨李光地与儒学思想学术研讨会，进一步深化了对李光地文化的研究。一些高校近年来还成立李光地文化研究中心，李光地的历史贡献和在中国思想史上的地位越来越受到社会各界的关注与重视。

李光地故居位于国家历史文化名镇安溪县湖头镇，包括新衙、旧衙和贤良祠，现为国家重点文物保护单位。新衙，又名昌佑堂，始建于康熙三十七年（1698年），建筑面积3120平方米，五进庭院，双护厝，东西巷道，四周绕围墙，门庭广阔。东巷北端入口处还建有接官亭和报房，门亭联为："赞元重万国，高志局八区。"二进厅堂悬挂明清职官像。大门一联："相门知理学，府第传乾坤。"走进里边，庭院幽深，悬挂着康熙御书"夙志澄清""夹辅高风"等匾额，古风遗韵十足。新衙的建筑风格是典型的泉州传统官厝，又是饱含历史文化的古民居博物馆。据传，新衙是李光地夫人背着李光地所建，李光地为此生气，数度回乡均未入住。

李光地故居——新衙

旧衙位于湖头街街后，现属湖三村，住着李光地的长子李钟伦后裔，人丁繁兴，科第盛出。整座建筑形似殿宇，简朴大方。它纵深五进，两边护厝，斗梁、门窗上面雕刻着各种人物、山水和禽兽等图案，正厅及廊宝墙上嵌有几十块汉白玉，镌刻着康熙帝手迹，昭显出古厝不平凡的来历。传说，旧衙不是李光地自建，乃为其协助拉哈达大军解泉州之围后，宁海将军拉哈达所赠。其正大门上的对联“绮罗日暖将军府，弦管春深宰相家”中的“将军”指的就是拉哈达。

李光地故居——旧衙

贤良祠，原为李光地读书处，位于湖头镇俊民中学校内，始建于康熙二十四年（1685年），其地原榕树成荫，又名“榕树书屋”。雍正元年（1723年），雍正帝追赠李光地为太子太傅，雍正十年改其故居榕村书屋为贤良祠以祀。贤良祠为三进四合院式，占地约1000平方米。现一进已废，二进为祠堂，厅堂外环墙嵌大理石，镌刻康熙御书《太极图说》《巡子牙河建坝诗》等诗文，三进为藏书楼。祠右有石构碑亭，立碑一方，镌刻雍正《谕祭文》，赞扬李光地“学问优长”“一代之完人”。祠前后有小桥流水，南面为临水轩、荷池，夏日荷塘月色，柳树干条，意境幽美。贤良祠于1990年由族侨依古例重修，其碑刻十分丰富，是研究清初历史和李光地的重要实物资料。

后　记

福建，山海相拥，人杰地灵，人文荟萃，英才辈出，产生了许多伟大的思想家、文学家、教育家、科学家和民族英雄、爱国先驱、革命将士、时代楷模。他们的教育成长、道德品行和思想文章，是福建的宝贵精神财富，教育和激励着一代代福建人努力学习、奋勇前行。福建省社会科学界联合会组织编写的“福建历史文化名人丛书”，以福建历史名人为题材，古今结合，意在从高处着眼、从基础着手，普及人文社会科学知识，促进人文道德养成，使社会科学知识走进大众、走进生活、走进现实，让更多的人了解福建历史名人，弘扬优秀传统文化，增强福建文化影响力和感染力，为建设文化强省添砖加瓦。

“福建历史文化名人丛书”（第五辑）所包含的张元幹、林龙江、李光地、华喦、梁章钜、冰心6个人物故事，记录了福建文化之于中国历史的影响，同时也以人物史的叙述方式生动地展现出中国人文精神的风骨和传统文化的传承。人物篇以人物生平为线索，在故事中体现传主的学问、事功、道德，凸显他们在中华文明进程中的重要作用，深入挖掘和阐发其内在精神，从而激起读者爱国爱乡的强烈情感，使之成为涵养社会主义核心价值观的重要源泉。

这套丛书以广大群众为读者对象，尤其是各年龄段的学生群体以及受过中等教育的读者，他们对这些历史名人的认知，大多来源于历史课本、乡土教材、文化景点和博物馆，很难形成具体、深入、系统的认识。丛书深入浅出，雅俗共赏，通过一个个生动精彩的故事带领读者走进福建历史，走入人文社会科学的知识殿堂，融故事性、知识性、趣味性、可读性于一体，对提升大众的阅读水平、普及社会科学知识、提高人文社会科学文化素养和思想道德素质有着积极的作用。

专家刘小新老师对丛书写作大纲和书稿进行了认真审读，并提出了许多很好的意见和建议，在此表示感谢！

由于编撰出版时间紧，经验和水平有限，疏漏在所难免，敬请广大读者批评指正。

编委会

2022年4月